Vorwort

Wodurch unterscheidet sich dieses Buch von gängigen Kochbüchern? Durch die Einfachheit seiner Rezepte!
In der heutigen schnellebigen Zeit greift man immer öfter zu – meist nicht sehr schmackhaften – Fertiggerichten. Mit dem *Rucki-Zucki-Kochbuch* will ich zeigen, wie einfach es ist, auch dann köstliche, gesunde Speisen auf den Tisch zu bringen, wenn man nicht so viel Zeit fürs Kochen hat.

Bei den Rezepten lag es mir am Herzen, mit wenigen Zutaten viele Variationsmöglichkeiten zu bieten. Diese Variationsmöglichkeiten laufen wie ein roter Faden durch das Buch. Von den Frühstück-Getreidespeisen über Salatsaucen, Suppen usw. läßt sich alles spielend nachvollziehen.
Die meisten dieser Rezepte wurden von einem 9jährigen Jungen nachgekocht. Auch für Unerfahrene unter den Erwachsenen dürfte es also bei den Rucki-Zucki-Rezepten keine Probleme geben. Und seien Sie versichert: Gelingt das erste Rezept, dann wird der zweite Versuch bereits zum Vergnügen!

Alle Gerichte basieren auf der neuen Ernährungslehre und dem Wissen um die biologische Wertigkeit der Lebensmittel. Sie werden deshalb so frisch wie nötig und möglichst wenig gekocht oder gegart serviert.

Verzichtet wird auf:
- jeden in der Fabrik hergestellten Zucker;
- Auszugsmehle, denen der Keim und die Randschichten des Getreides fehlen;
- erhitzte Fette;
- Milch, Quark, minderwertige Fische und Fleischsorten;
- Konserven.

Verwendet werden:
- Honig, Trockenfrüchte, Frischobst;
- Vollkornmehle, Getreide und Produkte daraus;
- Butter (frisch oder zerlassen), Sahne, Öl;
- Frischkost in Form von Salaten, Gemüsefrüchten und Wurzeln;
- Gemüse, die nur kurz in Gemüsebrühe erhitzt und mit zerlassener Butter übergossen werden;
- als Beilage wenig feine Fische oder Fleischsorten.

Viel Vergnügen beim Kochen dieser Köstlichkeiten wünscht Ihnen

Christina Kleiner-Röhr

Müsli und Getreidespeisen

Frischkostgetreidefrühstück

Grundrezept:

Grundrezept

Pro Person

2 Eßl. (geschrotetes oder gekeimtes) Getreide, Buchweizen (bleibt ganz)
4 Eßl. Multivitaminsaft
1 Eßl. geraspelte Haselnüsse oder Mandeln oder Sonnenblumenkerne
1/2 kleine Banane
1 kleiner geraspelter Apfel mit etwas Vitamin C
50 g Beeren oder in Stücke geschnittene Früchte
1 Eßl. Schlagsahne oder Frischkäsesahne

Zum Garnieren:

Beeren, Fruchtstücke, Pistazien oder grüne Blättchen

Zubereitung:

Zubereitung

Das Getreide mit dem Multivitaminsaft und den Nüssen, Mandeln oder Sonnenblumenkernen in einer Schüssel, abgedeckt über Nacht, einweichen. Am Morgen die Banane in Scheiben schneiden, den Apfel raspeln, das Vitamin C zufügen, die Beeren oder Fruchtstücke unter das Getreidegemix mengen, dieses in eine Schüssel geben, mit Schlagsahne oder Frischkäsesahne bedecken und mit Beeren oder Früchten, Pistazien oder grünen Blättchen garnieren.

Getreide-variationen

Getreidevariationen:
Hafer, Dinkel, Weizen, Gerste, Roggen,
jeweils geschrotet, besser gekeimt;
Hirse kurz erhitzt und ausgewellt;
Buchweizen ganz

Früchte und Beeren

Früchte und Beeren:
Ananas
Aprikosen
Birnen
Erdbeeren
Heidelbeeren
Himbeeren
Johannisbeeren
Kirschen
Kiwis
Mandarinen
Mangos
Melonen
Pfirsiche
Pflaumen
Weintrauben

Trocken-früchte

Trockenfrüchte:
Aprikosen
Birnen
Datteln
Pfirsiche
Pflaumen
Rosinen

Salat und Salatsaucen

Salatsaucen

Grundrezept:
Grundrezept

$^1/_2$ l Wasser
$^1/_2$–2 Eßl. Gemüsebrühwürze, je nach Sorte
8 Eßl. Zitronensaft
8 Eßl. kaltgeschlagenes Öl

Zubereitung:
Zubereitung

Alle Zutaten in einem Mixer vermengen und in eine Flasche füllen. Diese Salatgrundsauce hält sich 6 Wochen im Kühlschrank und kann auf folgende Weise variiert werden.

Avocadosauce
Avocado-
sauce

$^1/_4$ l Grundsauce
$^1/_2$ reife Avocado
$^1/_2$ Teel. Vitamin C
1 durch die Presse gedrückte Knoblauchzehe oder Bärlauch
1 Eßl. gehackter Dill

Alle Zutaten in einem Mixer vermengen. Diese Sauce paßt zu grünem Salat und Tomatenscheiben.

Gurkensauce
Gurkensauce

$^1/_4$ l Grundsauce
200 g Gurke

1 durch die Presse gedrückte Knoblauchzehe oder Bärlauch
1 Eßl. gehackter Dill

Alle Zutaten in einem Mixer vermengen. Diese Sauce paßt zu grünem Salat.

Möhrensauce

Möhrensauce

1/4 l Grundsauce
100 g blanchierte, pürierte Möhren
1 Eßl. Schlagsahne
1 Eßl. gehackte Petersilie

Alle Zutaten miteinander vermengen. Diese Sauce paßt zu grünem Salat, Gurkenscheiben und Staudensellerie.

Paprikasauce

Paprikasauce

1/4 l Grundsauce
200 g gewürfelte Paprika (rot, gelb und grün)
1 kleine gewürfelte Zwiebel

Alle Zutaten miteinander vermengen. Diese Sauce paßt zu grünem Salat.

Rettichsauce

Rettichsauce

1/4 l Grundsauce
200 g roter, pürierter Rettich
1 Teel. geriebener Meerrettich
1 Eßl. Schlagsahne

Alle Zutaten miteinander vermengen. Diese Sauce paßt zu grünem Salat und Staudensellerie.

Rote-Bete-Sauce

Rote-Bete-Sauce

$^{1}/_{4}$ l Grundsauce
100 g blanchierte Rote Bete
1 Eßl. geriebener Meerrettich
2 Eßl. Schlagsahne

Alle Zutaten in einem Mixer vermengen. Diese Sauce paßt zu Chicorée und Staudensellerie.

Selleriesauce

Selleriesauce

$^{1}/_{4}$ l Grundsauce
100 g blanchierte Sellerie
1 Eßl. gehackte Walnüsse
1 Eßl. gehackte Petersilie
1 Eßl. Schlagsahne

Die Grundsauce in einem Mixer mit dem Sellerie pürieren und die Walnüsse, die Petersilie und die Schlagsahne unter das Gemix mengen. Diese Sauce paßt zu grünem Salat und Sellerie.

Spargelsauce

Spargelsauce

$^{1}/_{4}$ l Grundsauce
150 g blanchierter Spargel
1 Eßl. gehackte Petersilie
1 gehacktes hartes Ei

Die Grundsauce in einem Mixer mit dem Spargel pürieren und die Petersilie und das Ei unter das Gemix mengen. Diese Sauce paßt gut zu grünem Salat.

Spinatsauce

Spinatsauce

1/4 l Grundsauce
200 g Blattspinat
1 kleine geriebene Zwiebel
1 durch die Presse gedrückte Knoblauchzehe oder Bärlauch
2 Eßl. Schlagsahne

Alle Zutaten in einem Mixer vermengen. Diese Sauce paßt zu Champignonscheiben, Tomatenscheiben und grünem Salat.

Tomatensauce

Tomatensauce

1/8 l Grundsauce
200 g Tomaten
1 Eßl. frisches gehacktes Basilikum

Alle Zutaten in einem Mixer vermengen. Diese Sauce paßt zu grünen Salat, Blumenkohl, Sellerie, Avocado.

Sauerrahmsauce

Sauerrahmsauce

1/8 l Grundsauce
200 g Sauerrahm
400 g süße Sahne
Kräuter nach Wahl

Den Sauerrahm mit der süßen Sahne in einem Rührgerät zu einer cremigen Masse aufschlagen. Diese Grundsauce untermengen. Die Sauce ist 10 Tage haltbar. Sie läßt sich mit den verschiedensten Kräutern nach Belieben variieren und paßt bestens zu allen grünen Salaten, Gemüsefrüchten und Wurzeln.

Frischkäsesahnesauce

1/4 l Grundsauce
200 g Frischkäse
Kräuter nach Wahl

Frischkäsesahnesauce

Den Frischkäse mit der süßen Sahne in einem Rührgerät zu einer Creme aufschlagen, die Grundsauce und Kräuter nach Wahl untermengen. Diese Sauce ist 14 Tage haltbar und ist vielseitig verwendbar: übers Müsli, als Suppenhaube, für Hauptgerichte und Desserts.

Salate

Wollen Sie Ihren Vitaminbedarf decken, sollten Sie immer Wurzeln, Gemüsefrüchte und grüne Salate im Kühlschrank haben. Diese Salate grundsätzlich mit Saucen Ihrer Wahl vor dem Hauptgericht essen.

Wurzeln

Wurzeln
Geraspelt oder in Stifte geschnitten:
- Möhren
- Rettich
- Radieschen
- Schwarzwurzeln mit etwas Vitamin C
- Rote Bete
- Sellerie mit etwas Vitamin C

Gemüse-früchte

Gemüsefrüchte
In Scheiben geschnitten:
- Avocado
- Gurken
- Paprika
- Tomaten
- blanchierte Zuckererbsen
- Zucchini

Grüne Salate

Grüne Salate

Klein geschnitten oder ganze Blätter:

Ackersalat
Blattsalat
Chicorée
Chinakohl
Endivien
Frisée
Kresse

Blumenkohl
Fenchel
Kohlrabi
Staudensellerie
Zwiebeln
Spinat
Weißkohl

Zubereitung:

Zubereitung

Eine Platte mit 1 oder 2 geraspelten Wurzeln, 1 oder 2 Gemüsefrüchten in Scheiben geschnitten, 1 oder 2 Sorten des grünen Salates.
Ein ganz besonders guter Salat ist der Kartoffelsalat (s. S. 85).

Salate als Hauptmahlzeit

Grundrezept

Grundrezept:
Pro Person
Grünen Salat nach Wahl und Bedarf auf einem Teller verteilen, Salatgrundsauce nach Belieben darüber gießen. Darauf legen Sie entweder

- 75–100 g kurz in Butter erwärmte, mit Gemüsebrühe gewürzte Champignonscheiben oder
- 75–100 g kurz in Butter gegarte, mit Gemüsebrühe gewürzte Fleisch- oder Fischfiletstreifen.

Fischfilet/ Fleischfilet

Fischfilet:
Egli
Forelle
Goldbarsch
Heilbutt
Kabeljau
Kaiserbarsch
Petersfisch
Rotbarsch
Schellfisch
Seeteufel
Zander

Fleischfilet:
Hasenrücken
Hühnchenbrust
Kalb
Lamm
Putenbrust
Rehrücken
Rind

Gekeimtes Getreide

Hafer, Gerste, Dinkel, Weizen, Sojabohnen lassen sich einfach keimen. Geben Sie 2–4 Eßl. Getreide oder Sojabohnen in einen Suppenteller und gießen Sie so viel frisches Wasser zu, daß die Körner feucht liegen. Das Wasser morgens, mittags und abends erneuern. Nach etwa 1½ Tagen werden die Keimlinge als kleine weiße Punkte sichtbar: Jetzt sind die Körner weich und sollten möglichst bald verbraucht werden. Will man sie bis zum nächsten Tag aufheben, gießt man das Wasser ab und bewahrt sie zugedeckt im Kühlschrank auf.
Frisch gekeimtes Getreide, Sojabohnen oder Hülsenfrüchte sind zu jeder Jahreszeit, besonders aber im Winter, eine gesunde, vitaminreiche Ergänzung unserer täglichen Kost. Streuen Sie die Getreidekeimlinge über Salate (auch Obstsalate).

Suppen, pikant und süss

Warme Suppen

Grundrezept:

Grundrezept

Pro Person

1/4 l Wasser
1 Teel. Gemüsebrühwürze
125 g gewaschenes, evtl. geschältes oder blanchiertes, in Stücke geschnittenes Gemüse, auch tiefgefroren
1 g Biobin (Bindemittel)
1 Eßl. Schlagsahne
Kräuter nach Wahl

Zubereitung:

Zubereitung

Das Wasser mit der Gemüsebrühwürze in einem Topf erhitzen und dann in einen Mixer geben. Das vorbereitete Gemüse darin pürieren. Das Gemix in den Topf zurückfüllen, Biobin einrühren und nochmals erhitzen, in den Suppenteller gießen, darauf die Schlagsahne legen und diese mit Kräutern bestreuen.

Avocadosuppe

Avocadosuppe

1/4 l heiße Gemüsebrühe
150 g Avocado
etwas Ascorbinsäure, damit die Avocado nicht unansehnlich wird
1 zerdrückte Knoblauchzehe
1 Eßl. Schlagsahne
Dill

Blumenkohlsuppe

Blumenkohlsuppe

1/4 l heiße Gemüsebrühe
125 g blanchierter Blumenkohl
1 g Biobin
1 Eßl. Schlagsahne
Petersilie

Champignonsuppe

Champignonsuppe

1/4 l heiße Gemüsebrühe
100 g Champignons
1 g Biobin
1 Eßl. Schlagsahne
Petersilie

Erbsensuppe

Erbsensuppe

1/4 l heiße Gemüsebrühe
125 g Erbsen (TK)
1 Eßl. Schlagsahne
Petersilie

Gurkensuppe

Gurkensuppe

1/4 l heiße Gemüsebrühe
150 g rohe Salatgurke
1 g Biobin
1 Eßl. Schlagsahne
Dill

Kartoffelsuppe

Kartoffelsuppe

1/4 l heiße Gemüsebrühe
100 g rohe Kartoffelstücke
1 Eßl. Schlagsahne

Geschmacksvariationen nach Wahl können durch verschiedene Kräuter, etwas Meerrettich, Lachsstreifen oder Lachsforellenstückchen erzielt werden.

Kohlrabisuppe

1/4 l heiße Gemüsebrühe
150 g blanchierter Kohlrabi
1 g Biobin
1 Eßl. Schlagsahne
Petersilie

Kohlrabisuppe

Lauchsuppe

1/4 l heiße Gemüsebrühe
125 g Lauch
1 g Biobin
1 Eßl. Schlagsahne
Schnittlauch

Lauchsuppe

Maissuppe

1/4 l heiße Gemüsebrühe
125 g Mais
1 Eßl. Schlagsahne
Petersilie

Maissuppe

Möhrensuppe

1/4 l heiße Gemüsebrühe
125 g blanchierte Möhren
1 g Biobin
1 Eßl. Schlagsahne
Petersilie

Möhrensuppe

Rote-Bete-Suppe

1/4 l heiße Gemüsebrühe
125 g blanchierte Rote Bete
1 g Biobin
1 Eßl. Schlagsahne
Dill

Rote-Bete-Suppe

Selleriesuppe

Selleriesuppe

¼ l Gemüsebrühe
125 g blanchierter Sellerie
1 g Biobin
1 Eßl. Schlagsahne
Petersilie

Schwarzwurzelsuppe

Schwarzwurzelsuppe

¼ l heiße Gemüsebrühe
125 g Schwarzwurzeln
1 g Biobin
1 Eßl. Schlagsahne
Petersilie

Tomatensuppe

Tomatensuppe

¼ l heiße Gemüsebrühe
200 g Tomaten
1 g Biobin
1 Eßl. Schlagsahne
Basilikum

Zucchinisuppe

Zucchinisuppe

¼ l heiße Gemüsebrühe
125 g Zucchini
1 g Biobin
1 Eßl. Schlagsahne
Dill

Diese Suppen sind besonders für ältere Menschen geeignet, aber auch für Kleinkinder.

Fruchtsuppen

Diese Suppen werden nicht gekocht. Sie sind einer Salatplatte gleichwertig. Durch die Zugabe von Nüssen, Mandeln oder Kernen muß die Suppe gekaut werden.

Grundrezept:

Grundrezept

Pro Person

1/4 l Multivitaminsaft je nach Früchten oder Beeren
125 g Früchte oder Beeren
Honig nach Belieben
Saft einer halben Zitrone
1 Teel. gehackte Mandeln, Nüsse oder Kerne
1 kleine Haube Schlagsahne oder Frischkäsesahne

Zubereitung:

Zubereitung

Den Multivitaminsaft mit den Früchten oder Beeren in einem Mixer pürieren, den Honig, den Zitronensaft und die Mandeln, Nüsse oder Kerne zufügen, in einen Suppenteller füllen und mit einer Sahnehaube belegen.

Früchte:

Früchte

Ananas
Äpfel mit etwas Vitamin C
Aprikosen, entsteint

Bananen mit etwas Vitamin C
Brombeeren
Erdbeeren
Heidelbeeren
Johannisbeeren
Kirschen, entsteint
Kiwi, geschält
Mango, entsteint
Melone, geschält
Orange, geschält
Pfirsiche, entsteint
Pflaumen, entsteint
Preiselbeeren
Weintrauben

Vorspeisen

Artischocken

Grundrezept:

Grundrezept

Pro Person

1 Artischocke
1/2 l Gemüsebrühe

Zubereitung:

Zubereitung

Die Artischocke in einem Topf mit der Gemüsebrühe so lange kochen, bis sich die Blätter der Artischocke ablösen lassen; oder

Stangenspargel nach Belieben: Garzeit 10 Minuten; oder

große Zuckererbsen nach Belieben: Garzeit 2 Minuten; oder

Stangenbohnen nach Belieben: Garzeit 10 Minuten

Dazu reichen Sie:

Sauce Béarnaise (s. S. 103)
Sauce Hollandaise (s. S. 104)
zerlassene Butter oder Knoblauchbutter
Salat-Grundsauce (s. S. 15)
Pariser Brot (s. S. 96)
Fladenblot (s. S. 96)
Brötchen (s. S. 98)

Eierstich

Grundrezept

Grundrezept:

Pro Person

1 Ei
2 Eßl. Wasser
1 Eßl. süße Sahne
etwas Gemüsebrühwürze

Zubereitung

Zubereitung:

Das Ei mit dem Wasser, der Sahne und der Gemüsebrühwürze in einem Mixer miteinander vermengen. Eine feuerfeste Form mit Butter ausstreichen, das Eigemix hineingießen, die Form in einen mit etwas Wasser gefüllten Topf stellen, kurz aufkochen und bei kleiner Hitze stocken lassen.
Dazu passen Pellkartoffeln, Spinat und eine gedünstete Tomate.

Gemüse-Variationen

1. Gemüse-Variationen

Unter das Grundrezept mengen Sie jeweils 50 g Champignonscheiben oder Erbsen, Blattspinat, Spargelstücke, Tomatenstücke.

Fisch-Variationen

2. Fisch-Variationen

Unter das Grundrezept mengen Sie jeweils 50 g geräucherte Lachsforellenstücke oder Shrimps.
Dazu paßt etwas grüner Spargel.

Gemüseschaum

Da Sie diese feine Vorspeise sehr gut einfrieren können, lohnt es sich, eine größere Menge zuzubereiten und diese portionsweise einzufrieren.

Grundrezept:

Grundrezept

6 Blatt weiße Gelatine (nicht kochen!)
1 Eßl. Wasser
400 g kalte süße Sahne
200 g kaltes blanchiertes, püriertes Gemüse (kann auch Tiefkühlkost sein)
Gemüsebrühwürze nach Belieben

Zubereitung:

Zubereitung

Das Wasser in einen Topf geben und darin die kleingeschnittene Gelatine auf kleinster Flamme auflösen. Am besten eignet sich ein Simmertopf.
Die Sahne, das Gemüsepüree mit der Gemüsebrühwürze in einem Rührgerät zu einer Creme aufschlagen, die aufgelöste, abgekühlte Gelatine untermengen und den Schaum in kleine Timbal- oder Briocheförmchen (wenn nicht vorhanden: Tassen) füllen. Kühlstellen oder einfrieren.

Bevor Sie die Förmchen stürzen, müssen Sie diese unbedingt ganz kurz in heißes Wasser stellen.

Gemüse-Variationen

Gemüse-Variationen:

Avocado
Blattspinat
Broccoli
Erbsen
Spargel, grün oder weiß

Feine Variationen

Feine Variationen:

Fleisch von Krustentieren in kleinen Stückchen unter die Gemüsecreme mengen.
Die Förmchen mit Lachsscheiben auskleiden, bevor Sie diese füllen.

Diese köstliche Vorspeise sollte besonders schön mit Kräuterblättchen, Gemüsestückchen, einem Shrimp usw. garniert werden.

Dazu reichen Sie:
Pariser Brot

HAUPTGERICHTE

Gratins

Grundrezept:
Pro Person
50 g Sahne
50 g Wasser
etwas Gemüsebrühwürze
300 g Kartoffeln (gekocht) in Scheiben
etwas geriebener Emmentaler
oder Frischkäsesahne

Grundrezept

Zubereitung:
Die Sahne mit dem Wasser und der Gemüsebrühwürze in einer Gratinform miteinander vermengen. Die Kartoffelscheiben einschichten, mit Käse bestreuen oder mit Frischkäsesahne bestreichen und auf der mittleren Schiene im Backrohr bei 200 °C 25–30 Minuten backen.

Zubereitung

Kartoffel-Gemüse-Variationen:
Die 300 g Kartoffelscheiben können je nach Belieben ersetzt werden durch

Kartoffel-Gemüse-Variationen

1.
100 g Kartoffelscheiben
50 g Champignonscheiben
50 g Tomatenscheiben

2.

100 g Kartoffelscheiben
50 g Blumenkohlscheiben
50 g Tomatenscheiben

3.

100 g Kartoffelscheiben
50 g Kohlrabischeibchen
50 g Tomatenscheiben

4.

100 g Kartoffelscheiben
50 g Möhrenscheibchen
50 g Erbsen

5.

100 g Kartoffelscheiben
50 g bunte Paprikastreifen
20 g Zwiebelringe

6.

100 g Kartoffelscheiben
20 g Porreeringe
50 g Tomatenscheiben

7.

100 g Kartoffelscheiben
50 g Rosenkohl geraspelt
20 g Zwiebelringe

8.

100 g Kartoffelscheiben
50 g Rote-Bete-Scheibchen
10 g Meerrettichpüree

9.

100 g Kartoffelscheiben
50 g Wirsingstreifen
etwas Kümmel

10.

100 g Kartoffelscheiben
50 g Zucchinischeiben
50 g Tomatenscheiben
etwas Pfeffer

11.

Als Krönung:
100 g Kartoffelscheiben
50 g Spargel grün oder weiß
20 g Lachsscheibchen
kein Emmentaler, dafür Frischkäsesahne

Statt Kartoffeln können Sie Reis, Getreide oder Teigwaren nehmen.
Zu allen Gratins dürfen Sie auch kleine Fisch- oder Fleischfiletstreifchen unter die Köstlichkeiten mengen.

Dazu auch noch mal etwas ganz Besonderes:

12.

100 g Kartoffelscheiben
50 g Pflaumen entsteint
20 g Rinderfiletscheiben
Frischkäsesahne
Mandelblättchen

Gefüllte Gemüse

Diese Gaumengenüsse sind schnell und vielseitig zuzubereiten.

Grundrezept

Grundrezept:
Pro Person

	eine Gemüsefrucht,
	eine gekochte Kartoffel
	oder eine große Wurzel
	etwas Knoblauchbutter
100 g	*Füllmasse*
1 Eßl.	*Frischkäsesahne*
	etwas geriebener Emmentaler

Zubereitung

Zubereitung:
Die Gemüsefrucht, die Kartoffel oder die Wurzel wird ausgehöhlt (Kartoffel und Wurzel mit einem Melonenausstecher); die Knoblauchbutter gleichmäßig über die Innenwände streichen, dahinein die Füllmasse setzen, darauf die Frischkäsesahne verteilen und mit dem geriebenen Emmentaler bestreuen. Im Backofen auf der mittleren Schiene bei 200 °C 15–20 Minuten backen.

Gemüsefrüchte

Gemüsefrüchte
Champignonköpfe
Kohlrabi
Paprika

Fleischtomaten
Zucchini
Zwiebeln

In der Erde gewachsene Gemüse:

In der Erde gewachsene Gemüse

Kartoffeln
Möhren
Rote Bete
Sellerie

Die Gemüse müssen vor dem Füllen gegart werden.

Füllungen:

Füllungen

1.

50 g Blattspinat
etwas Gemüsebrühwürze
Zwiebelwürfelchen
1 zerdrückte Knoblauchzehe
50 g Fleisch oder Fischstückchen

2.

50 g Tomatenstückchen
etwas Gemüsebrühwürze
1 kleine gehackte Zwiebel
1 durch die Presse gedrückte Knoblauchzehe
50 g gekochter Reis
(geeignet für gefüllte Paprika)

3.

50 g Wirsing
etwas Gemüsebrühwürze
1 kleine gehackte Zwiebel
1 zerdrückte Knoblauchzehe
50 g Lammfiletstückchen

Luftige Soufflés

Grundrezept Getreide

Grundrezept Getreide:
Pro Person
50 g Getreide wie Hafer, Hirse, Dinkel
100 g Wasser

Zubereitung

Zubereitung:
Das Getreide mit dem Wasser in einem Topf zum Kochen bringen, 10 Minuten auf kleinster Flamme zugedeckt köcheln lassen. Den Herd abschalten und das Getreide ausquellen lassen.

Kräutersoufflé

1. Kräutersoufflé
50 g Getreide, gekocht und abgekühlt
2 Eiweiß
1 g Biobin
Gemüsebrühwürze
1 Eßl. gehackte Kräuter

Zubereitung

Zubereitung:
Das Eiweiß mit dem Biobin in einem Rührgerät aufschlagen, das Getreide, die Gemüsebrühwürze und die Kräuter unter den Eischnee heben. Das Gemix in eine ausgefettete, feuerfeste Form füllen und auf der mittleren Schiene bei 200 °C 20–30 Minuten im Ofen backen.
Dazu paßt Tomatensauce.

2. Gemüsesoufflé

Gemüse-
soufflé

Statt Kräuter nehmen Sie jeweils 100 g
Blattspinat oder
Champignonscheiben
Broccoli
Blumenkohl
Erbsen
Kohlrabischeibchen
geraspelte Möhren
Lauchringe
bunte Paprikawürfel
Spargelstücke
Zucchini und etwas Pfeffer
etwas Gemüsebrühwürze

3. Getreide-Fisch-Soufflé

Getreide-
Fisch-Soufflé

Statt Gemüse nehmen Sie jeweils 100 g
Forellenfilet
Heilbutt
Kabeljau
Seeteufel
Zander
Langustinos
Garnelenschwänze
Shrimps
Jacobsmuscheln
etwas Gemüsebrühwürze

Unter diese Soufflés können Sie Kräuter oder Gemüse nach Wahl mengen.

Ein für mehrere Personen köstliches Beispiel:

100 g Hirse
Gemüsebrühwürze nach Belieben
100 g grüne Spargelstücke
100 g Seeteufelmedaillons
Petersilie

Getreide-Fleisch-Soufflé

4. Getreide-Fleisch-Soufflé

Statt Fisch nehmen Sie jeweils 100 g
Hühnchenbrust oder
Hasenrückenfilet
Kalbsfilet
Lammfilet
Putenfilet
Rinderfilet
Das Fleisch schneiden Sie in Streifen.

Unter diese Soufflés können Sie Gemüse nach Wahl mengen.

Ein köstliches Beispiel:

100 g Hafer
Gemüsebrühwürze
100 g Lammfilet
100 g Blattspinat oder Wirsing

Süße Getreidesoufflés

Grundrezept:

Grundrezept

Für 2 Personen

100 g gegartes Getreide
2 Eiweiß
1 g Biobin
100 g Beeren oder Früchte
Honig nach Belieben
Abrieb einer halben Zitrone
zum Bestreuen: Mandelblättchen

Zubereitung:

Zubereitung

Das Eiweiß mit dem Biobin in einem Rührgerät aufschlagen, die Beeren oder Fruchtstücke, den Honig und den Zitronenabrieb unter den Eischnee heben. Das Gemix in eine ausgefettete, feuerfeste Form füllen, mit Mandelblättchen bestreuen und auf der mittleren Schiene bei 200 °C 20–30 Minuten im Ofen backen.

Beeren oder Fruchtstücke

Beeren oder Fruchtstücke

Ananasstücke
Apfelstückchen
Aprikosenachtel
Brombeeren
Erdbeeren
Heidelbeeren
Himbeeren

Johannisbeeren
Kirschen entsteint
Orangenstückchen
Pflaumenhälften
Weintrauben

2. Nudel-Variationen mit Fleisch

Nudel-Variationen mit Fleisch

Statt Fisch nehmen Sie Fleisch
jeweils 50 g
- Hühnerbrust oder
- Hasenrückenfilet
- Kalbsfilet
- Lammfilet
- Putenfilet
- Rinderfilet

Das Fleisch schneiden Sie in Streifen.
Unter diese Nudel-Variationen können Sie Gemüse nach Wahl mengen.

Ein köstliches Beispiel:

50 g Hirsemakkaroni
1 Teel. Butter
1 durch die Presse gedrückte Knoblauchzehe
50 g Lauchringe
50 g Hühnerbrust

Wenn Sie kein Fleisch wollen: Nüsse und gekeimte Sojakerne und/oder gekeimte Hülsenfrüchte (z. B. Kichererbsen) sind ein vollwertiger Ersatz.

Lasagne

Grundrezept

Grundrezept:

Für 2 Personen

2 Blätter Vollkornlasagne
50 g geschroteter Grünkern
100 g pürierte Tomaten
1/4 l Gemüsebrühe
100 g Frischkäsesahne
1 in Scheiben geschnittene Tomate
1 Eßl. geriebener Emmentaler

Zubereitung

Zubereitung:

Die Lasagneblätter 10 Minuten in kaltes Wasser einweichen. Den geschroteten Grünkern mit den pürierten Tomaten und der Gemüsebrühe in einem Topf aufkochen, den Herd abstellen, ausquellen lassen. In eine gefettete Gratinform ein Lasagneblatt legen, das Grünkern-Tomaten-Gemix darauf verteilen und mit der Hälfte der Frischkäsesahne bestreichen. Das zweite Lasagneblatt darauf legen, die zweite Hälfte des Grünkern-Tomaten-Gemix darauf verteilen und mit der zweiten Frischkäsesahnehälfte bestreichen, mit den Tomatenscheiben belegen und mit dem geriebenen Emmentaler bestreuen.

Statt Grünkern können Sie Hackfleisch, Hackfisch oder Krustentiere nehmen.

1. Gemüselasagne

Gemüse-
lasagne

Zutaten:

2 Blätter Vollkornlasagne
50 g Blattspinat
1 in Scheiben geschnittene Tomate
2 in Scheiben geschnittene Champignons
25 g flüssige Knoblauchbutter
100 g geriebener Käse

Zubereitung wie beim Grundrezept. Nehmen Sie statt dem Grünkern-Tomaten-Gemix den Blattspinat, die Champignonscheiben, über die Sie die flüssige Knoblauchbutter gießen.

Statt Spinat und Champignons können Sie andere Gemüse wählen, natürlich auch Kräuter, besonders Oregano und Basilikum.

2. Fischlasagne

Fischlasagne

Zutaten:

2 Blätter grüne Hartweizenlasagne
100 g Lachs
2 Eiweiß
50 g Sahne
1 Teel. Gemüsebrühwürze
1 durch die Presse gedrückte Knoblauchzehe
50 g Frischkäsesahne
20 g Mandelblättchen

Zubereitung

Zubereitung:
Die Lasagneblätter 10 Minuten in kaltes Wasser legen.
Den Lachs mit dem Eiweiß, der Sahne, der Gemüsebrühwürze und dem Knoblauch in einem Mixer pürieren.
Ein Lasagneblatt in eine gefettete Gratinform legen, das Lachsgemix darauf verteilen, das zweite Lasagneblatt darauf setzen, mit der Frischkäsesahne bestreichen und mit den Mandelblättchen bestreuen.

Lasagne mit Shrimps, Tomaten

3. Lasagne mit Shrimps, Tomaten

Zutaten:
6 Portionen

6 Alulasagnebehälter ausfetten
1 Paket grüne Lasagnehartweizenblätter
500 g Shrimps
6 große in Stücke geschnittene Tomaten
reichlich gehacktes Basilikum
300 g Mozzarella
1/4 l Wasser
1/2 l Sahne
1 Eßl. Gemüsebrühwürze
6 g Biobin
Mandelblättchen

Zubereitung

Zubereitung:
Die Lasagneblätter 10 Minuten in kaltes Wasser legen.

Die Shrimps, die Tomatenstückchen und das Basilikum in eine Schüssel geben.
Das Wasser, die Sahne und die Gemüsebrühwürze in einen Mixer geben, anschalten, den Mozzarellakäse und das Biobin nach und nach zufügen. ¾ des Gemix unter die anderen Zutaten mengen. Ein Lasagneblatt in je eine Form legen. ⅙ der Masse darüber verteilen, darauf 1½ Lasagneblätter setzen und mit je ⅙ des Mozzarellagemix bestreichen, mit Mandelblättchen bestreuen und einfrieren. Wenn die Lasagne gefroren ist, mit den Deckeln schließen.
Bei Bedarf 40 Minuten auf der 2. Schiene im Ofen bei 200 °C backen.

Statt Shrimps können andere Krustentiere oder Fische genommen werden oder nur verschiedene Gemüse.

Putenbrustfarces

Grundrezept

Grundrezept:
(lohnt sich nur für mindestens 2 Personen oder portionsweise einzufrieren)

100 g pürierte Putenbrust
1 zerdrückte Knoblauchzehe
etwas Gemüsebrühwürze
2 g Biobin
2 Eiweiß
2 Eßl. süße Sahne
1 Blatt Pergamentpapier
1 Teel. flüssige Butter
150 g Rinderfilet

Zubereitung

Zubereitung:
Die pürierte Putenbrust, den Knoblauch, die Gemüsebrühwürze, das Biobin, das Eiweiß und die Sahne in einem Mixer miteinander vermengen. Ein Drittel der Masse auf das mit der flüssigen Butter eingefettete Pergamentpapier geben. Das Filet daraufsetzen und mit der restlichen Masse bedecken. Aufrollen und die Enden mit einem Bindfaden zubinden. Die Rolle in eine Kastenform geben und auf der mittleren Schiene 40 Minuten bei 200 °C im Ofen garen.
Das Fleisch aus dem Pergamentpapier lösen, aufschneiden und auf einer vorgewärmten Platte anrichten.

Dazu paßt ein Kartoffel-Gemüse-Gratin (s. S. 43 f.).

Statt Rinderfilet können Sie auch Hasen- oder Lammfilet nehmen oder grünen Spargel, statt Putenbrust auch Hühnerbrust.

Filets

Filet in Blättern

1. Filet in Blättern

Pro Person

100 g Lammfilet
1 großes blanchiertes Wirsingblatt
etwas Gemüsebrühwürze
1 Teel. Knoblauchbutter
1 gekochte Pellkartoffel

Zubereitung

Zubereitung:
Das Lammfilet mit der Gemüsebrühwürze bestreuen und der Knoblauchbutter bestreichen. Die Kartoffel halbieren, auf die eine Hälfte das Lammfilet setzen, die zweite Hälfte auf das Filet legen, dieses in das blanchierte Wirsingblatt einwickeln, in eine Gratinform legen und mit Alufolie abdecken. Auf der mittleren Schiene 30 Minuten bei 200 °C im Ofen garen.
Dazu paßt Tomatensauce.

Statt Lammfilet können Sie Hasenfilet, Rinderfilet, Kalbsfilet, Hühner- oder Putenbrust nehmen, statt Wirsing Mangoldblätter.

2. Rinderfilet auf Kartoffelkruste

Rinderfilet auf Kartoffelkruste

Grundrezept:

Grundrezept

Pro Person

50 g Filet in feine dünne Scheiben geschnitten
1 große rohe Kartoffel
etwas Gemüsebrühwürze
2 Teel. weiche Knoblauchbutter
1 Eßl. grob gehackte Kräuter nach Wahl

Zubereitung:

Zubereitung

Die Kartoffel waschen, schälen, grob raspeln, mit Gemüsebrühwürze bestreuen und in einer Pfanne mit Deckel bei mittlerer Hitze mit der Knoblauchbutter 10 Minuten auf beiden Seiten garen. Die dünnen Fleischscheiben darauf legen, auf die Hälfte umlegen und mit Kräutern bestreuen.

Als Filets eignen sich folgende Fleischsorten:

Fleischsorten

Lamm
Hühnchenbrust
Putenfilet
Kalbsfilet
Rinderfilet

Geeignete Kräuter:

Kräuter

Petersilie	Basilikum
Schnittlauch	Dill
Estragon	Thymian
Kerbel	Rosmarin

Tip:

Tip

Kartoffelraspel und Gemüseraspel nach Wahl vermengen und ohne Fleisch servieren.

Fisch

Grundrezept 1

Grundrezept 1:

Pro Person

100 g Fischfilet
etwas Gemüsebrühwürze
1 Teel. flüssige Butter
1 Teel. gehackte Kräuter nach Wahl

Zubereitung

Zubereitung:

Das Fischfilet mit etwas Gemüsebrühwürze bestreuen, in der flüssigen Butter in einer Pfanne kurz von beiden Seiten garen und mit Kräutern bestreuen.
Dazu paßt: Pellkartoffeln, Spinat, Zucchini (mit etwas Pfeffer) oder Spargel in Butter geschwenkt oder Sauce Hollandaise.

Grundrezept 2

Grundrezept 2:

Pro Person

100 g Fisch
$^1/_8$ l süße Sahne
etwas Gemüsebrühwürze
1 g Biobin
etwas Dill

Zubereitung

Zubereitung:

Die Sahne, die Gemüsebrühwürze und den Fisch in eine Gratinform geben. Mit Folie abdecken und

auf der mittleren Schiene 10–15 Minuten bei 200 °C im Ofen garen. Den Fisch auf eine vorgewärmte Platte legen, abdecken und so lange in den abgeschalteten Ofen stellen, bis folgende Sauce fertig ist.
Die Sahne von der Gratinform in einen Topf geben, mit Biobin andicken, evt. etwas Gemüsebrühe zufügen und den klein geschnittenen Dill untermengen. Die Sauce über den Fisch gießen.
Dazu paßt: Pellkartoffeln, Zuckererbsen.

Statt Dill können Sie 1 Eßl. roten Kaviar oder gebräunte Mandelblättchen nehmen.

Fische

Fische

Forellenfilet
Hecht
Heilbuttschnitte
Kabeljau
Lachsforelle
Petersfisch
Rotbarsch
Schellfisch
Seelachs
Zander

3. Fischfilet in Blättern

Fischfilet in Blättern

Pro Person

100 g Fischfilet nach Wahl
1 großes blanchiertes Wirsingblatt
etwas Gemüsebrühwürze
etwas Knoblauchbutter
1 gekochte Pellkartoffel

Zubereitung **Zubereitung:**

Das Fischfilet mit der Gemüsebrühwürze bestreuen und der Knoblauchbutter bestreichen. Die Kartoffel halbieren, auf die Hälfte das Fischfilet setzen, die zweite Kartoffelhälfte auf das Fischfilet legen, dieses in das blanchierte Wirsingblatt einwickeln, in eine Gratinform legen und mit Alufolie abdecken. Auf der mittleren Schiene 20 Minuten bei 200 °C im Ofen garen.
Dazu paßt Tomatensauce.

Statt Wirsing können Sie auch Mangoldblätter nehmen.

Fischfarces

Grundrezept:

Grundrezept

Ist nur für 2 Personen geeignet.

100 g Kabeljau
1 durch die Presse gedrückte Knoblauchzehe
etwas Gemüsebrühwürze
2 Eiweiß
1 g Biobin
2 Eßl. süße Sahne
1 Eßl. gehackte Petersilie
1 Blatt Pergamentpapier
1 Teel. flüssige Butter
200 g Seeteufel

Zubereitung:

Zubereitung

Den Kabeljau, die zerdrückte Knoblauchzehe, die Gemüsebrühwürze, das Eiweiß, das Biobin, die Sahne und die Petersilie in einem Mixer pürieren. Die Hälfte dieses Gemix auf das mit der flüssigen Butter eingefettete Pergamentpapier legen. Den Seeteufel darauf setzen und mit der restlichen Masse belegen, aufrollen und mit Bindfäden die Enden zubinden. Die Rolle auf ein Gemüsesieb legen, dieses auf einen mit Wasser gefüllten Topf stellen und 30 Minuten, nachdem das Wasser gekocht hat, bei mittlerer Hitze garen.

Dazu paßt: Spinat und Kartöffelchen mit Sauce Béarnaise (s. S. 103).
Sie können Dill oder blanchierten Spinat unter das Gemix mengen; besser: alles zusammen pürieren, bis es grün ist.

Statt Seeteufel können Sie auch Kabeljaufilet oder Lachs nehmen.

Beim weißen Gemix sieht es aufgeschnitten schön aus, wenn Sie den Fisch Ihrer Wahl mit großen Spinat- oder Mangoldblättern oder mit dünnen Scheiben Räucherlachs umwickeln.
Sie können unter das weiße Gemix auch roten Kaviar mengen, auf das gefettete Pergamentpapier legen, aufrollen und die Enden zubinden.

Statt Kaviar können Sie auch Shrimps oder Garnelen nehmen.

Fondue

Fondue ist ein geselliges Essen. Es eignet sich für kleine und große Freundesrunden. Dazu brauchen Sie einen Spiritus- oder Elektro-Rechaud, eine Fonduegabel, ...
Empfehlenswert ist jedoch die Anschaffung eines WOK. Damit können Sie in der Küche, im Eßzimmer, auf dem Balkon, im Garten, vor und mit Ihren Gästen die köstlichsten Gerichte zaubern.
Wenn Sie sich dazu noch die praktischen Fonduesiebchen kaufen, sind den Variationsmöglichkeiten keine Grenzen gesetzt.

1. Gemüsefondue ohne Siebchen

Gemüsefondue ohne Siebchen

Pro Person

100 g gekochte Kartoffeln
50 g Champignons
50 g blanchierte Karotten
50 g blanchierter Rosenkohl
20 g Butter oder Knoblauchbutter

Decken Sie zuerst den Tisch und stellen Sie den Rechaud in die Mitte des Tisches.

Zubereitung:

Zubereitung

Die Gemüse auf einer Platte anrichten und mit der Butter oder der Knoblauchbutter auf den Tisch stellen.

$1\frac{1}{2}$ l Wasser mit 2 Eßl. Gemüsebrühwürze zum Kochen bringen und den Topf oder den WOK auf den Rechaud stellen.
Jeder spießt ein Kartoffelstück und ein Gemüse auf die Fonduegabel, läßt es nur so lange in der Gemüsebrühe, bis es heiß ist, und ißt es mit etwas Knoblauchbutter.

Gemüsefondue im WOK

2. Gemüsefondue im WOK mit Siebchen und Stäbchen

100 g gekochter Vollwertreis
50 g Blattspinat
50 g Mais
50 g Schwarzwurzeln oder Spargel
50 g blanchierter Broccoli
20 g Butter oder Knoblauchbutter

Zubereitung

Zubereitung:
Den Reis und das Gemüse auf einer Platte anrichten. Sonst verfahren Sie wie bei Variation 1. Nur geben Sie den Reis und den Mais ins Siebchen.

Spargelfondue

3. Spargelfondue
Pro Person
250 g grüner und weißer Spargel, geschält und blanchiert
30–40 g heiße Butter oder Knoblauchbutter
1–2 Vollkornbrötchen oder Pariserbrot (s. S. 96)

Zubereitung wie bei Variation 1. Dazu passen warme Brötchen.

4. Fischfondue

Fischfondue

Pro Person

100 g Fischfilet, in Stücke geschnitten, oder Krustentiere
50 g gekochte Kartoffeln, geschnitten
50 g blanchierte Karotten
50 g Champignons
50 g Zuckererbsen oder feiner Spargel
20 g Knoblauchbutter

5. Fleisch-Variationen

Fleisch-Variationen

Pro Person

100 g von einer der folgenden Fleischsorten (jeweils in Streifen geschnitten):
Rinderfilet
Hühnerbrust
Putenbrust
Hasenfilet
Lammfilet

6. Kaltes Sommerfondue

Kaltes Sommerfondue

Pro Person

50 g kleine Kirschtomaten
50 g Staudensellerie, in 6 cm lange Stücke geschnitten
50 g Möhren, in Streifen geschnitten
50 g Blumenkohlröschen oder andere Gemüse der Saison
1–2 warme Vollkornbrötchen oder Pariser Vollkornbrot
20 g Knoblauchbutter oder Butter
30 g Frischkäsesahne mit Kräutern

Auch für dieses Gericht ist die Vorbereitung denkbar einfach. Für jeden Gast richten Sie einen Eßteller mit den Gemüsen, ein Schälchen mit der Kräuterkäsesahne und die in der Serviette eingewikkelten warmen Brötchen oder das warme Pariser Vollkornbrot.

Blätterteig-Variationen

Grundrezept: **Grundrezept**

Pro Person

1 Platte Vollkornblätterteig
150 g Zucchini, mit Gemüsebrühwürze, Pfeffer und Knoblauchbutter gewürzt
1 Eigelb
Mandelblättchen

Zubereitung: **Zubereitung**

Die Blätterteigplatte auf einer mit Vollkornmehl bestreuten Arbeitsfläche dünn ausrollen, so daß 2 Rechtecke entstehen von ca. 14 x 24 cm. Die gewürzten Zucchini auf das untere Ende des Teigrechteckes setzen und das obere darüberklappen, fest andrücken, mit Eigelb bestreichen, mit Mandelblättchen bestreuen und die Teigtaschen auf ein mit Backpapier ausgelegtes Blech setzen. Auf der mittleren Schiene bei 200 °C 25–30 Minuten im Ofen backen.

Statt Zucchini können Sie nehmen:

Broccoli
Spargel
Kohlrabi
Blumenkohl
Champignon
Austernpilze

passende Kräuter
Selleriescheiben

Statt Gemüse können Sie Fisch oder Fleisch nehmen:
Setzen Sie auf eine Zucchinischeibe ein gewürztes Stück
Kabeljau,
Heilbuttfilet,
Seeteufelfilet oder
ein Stück Lachs
und belegen Sie dieses mit einer zweiten gewürzten Zucchinischeibe. Sie können auch Spargel darauf legen.

Ebenfalls möglich sind:
gewürztes Rinderfilet,
Lamm- oder Hasenfilet,
Kalbsbrust oder Putenbrust.

Es lohnt sich, die Blätterteig-Variationen in größeren Mengen herzustellen, weil sie zum Einfrieren geeignet sind. Ideal für Überraschungsgäste, für größere Feste oder im Krankheitsfall.

Pflaumen im Blätterteig

Pflaumen im Blätterteig

1 Paket Vollkornblätterteig
etwas frischgemahlener Dinkel oder Weizen
Pflaumen oder Aprikosen, entsteint
Honigmarzipan (s. S. 125)
Eigelb
Mandelblättchen

Zubereitung:

Zubereitung

Die Pflaumen oder Aprikosen mit etwas Honigmarzipan füllen. Die Blätterteigplatten auf einer mit Vollkornmehl bestreuten Arbeitsplatte dünn ausrollen, mit einem Teigrädchen 5 cm breite Streifen radeln. Auf jeden Streifen eine gefüllte Pflaume oder Aprikose setzen, diese einrollen und auf ein mit Backpapier ausgelegtes Blech setzen, mit Eigelb bestreichen und mit Mandelblättchen bestreuen.

Für die Vorratswirtschaft einfrieren.
Sonst auf der mittleren Schiene im vorgeheizten Ofen 15–20 Minuten bei 180 °C backen.

Mit Schlagsahne servieren.

Piroschi

Piroschi

Zutaten:

Zutaten

1 Platte Blätterteig
100 g ganz kurz gedünstetes, feingehobeltes Weißkraut
½ Teel. Gemüsebrühwürze
20 g flüssige Butter

Alles gut miteinander vermengen.

Zubereitung:

Zubereitung

Den Blätterteig mit frischgemahlenem Weizen oder Dinkel ausrollen und in vier rechteckige Stücke schneiden.
Das Weißkraut auf die Mitte der Blätterteigstücke

legen, beide Seiten umschlagen und aufrollen, mit Eigelb bestreichen und mit Mandelblättchen bestreuen.

Statt Weißkraut können auch Pilze genommen werden.

Crêpes

Grundrezept:

Grundrezept

Pro Person

2 Eier
etwas Gemüsebrühwürze
1 Teel. Butter

Zubereitung:

Zubereitung

Das Ei mit der Gemüsebrühwürze in einem Mixer miteinander vermengen. Die Pfanne mit der Butter bei mittlerer Flamme erhitzen, das Eigemix hineingeben und 6 Minuten von beiden Seiten garen.

Sie können frische Kräuter darüber streuen oder Gemüse unter das Eigemix mengen wie z. B.

Erbsen
Broccoli, klein geschnitten
Spargel, blanchiert
Kohlrabi, geraspelt
Tomatenstückchen
Blumenkohl, klein geschnitten
Pilze, klein geschnitten
Spinatblätter
Frühlingszwiebelringe
Lauchringe

Sie können auch Shrimps unter das Eigemix mengen.

Oder wollen Sie es mal süß? Nehmen Sie statt der Gemüsebrühwürze etwas Honig und mengen Sie Beeren oder Fruchtstücke unter das Gemix.

Beilagen

Gemüse-Variationen

Grundrezept:

Grundrezept

Pro Person

¼ l Gemüsebrühe
100 g Gemüse
1 Teel. flüssige Butter
Kräuter nach Wahl

Zubereitung:

Zubereitung

Die Gemüsebrühe in einem Topf zum Kochen bringen, das Gemüse (außer Artischocken und Bohnen) darin kurz erhitzen, in der flüssigen Butter schwenken und mit Kräutern nach Wahl bestreuen. Statt der flüssigen Butter können Sie zu den Gemüsen Kartoffeln und Sauce Hollandaise servieren. Die Bohnen müssen Sie 10 Minuten in der Gemüsebrühe garen. Die Artischocken so lange, bis sich die Blätter der Artischocke lösen.

Statt Butter nehmen Sie hier Knoblauchbutter.

Kartoffel-Variationen

Pro Person
100–150 g Kartoffeln

Zubereitung

Zubereitung:
Die gewaschenen, gebürsteten Kartoffeln in einem Kartoffeldämpfer 15–20 Minuten (kommt auf die Größe an) garen.
Die Kartoffeln können Sie mit oder ohne Schale essen. Sie können sie auch in Butter schwenken und mit frischen Kräutern bestreuen.

Wie vielfältig Kartoffeln verwendbar sind, zeigen die folgenden Rezepte.

Bouillon-kartoffeln

1. Bouillonkartoffeln

Zutaten:
100 g in Würfel geschnittene, geschälte Kartoffeln
1/8 l Wasser
etwas Gemüsebrühwürze
1 Teel. Schnittlauchringe

Zubereitung

Zubereitung:
Die Kartoffelwürfel mit dem Wasser und der Gemüsebrühwürze in einen Topf geben, mit einem Deckel schließen und 10 Minuten garen. Die Kar-

toffelwürfel in einer vorgewärmten Schüssel anrichten und mit Schnittlauchringen bestreuen.

2. Béchamel-Kartoffeln

Béchamel-Kartoffeln

Zutaten:

100 g gekochte, in Scheiben geschnittene Kartoffeln
1/8 l Wasser
2 Eßl. süße Sahne
1/2 g Biobin (Bindemittel)
etwas Gemüsebrühwürze
1 Eßl. gehackte Petersilie

Zubereitung:

Zubereitung

Alle Zutaten in einem Topf miteinander vermengen, erhitzen, in einer vorgewärmten Schüssel anrichten und mit gehackter Petersilie bestreuen.

3. Tomaten-Kartoffeln

Tomaten-Kartoffeln

Zubereitung wie Variation 2, statt dem Wasser nehmen Sie aber 1/8 l pürierte Tomaten.

4. Kartoffelbrei

Kartoffelbrei

Zutaten:

100 g mehlige Kartoffeln
1/8 l Wasser
etwas Gemüsebrühwürze
2 Eßl. süße Sahne

Zubereitung **Zubereitung:**

Die Kartoffeln schälen, auf ein Gemüsesieb legen. Das Wasser in einem Topf zum Kochen bringen, das Sieb mit den Kartoffeln darauf setzen und zugedeckt 15–20 Minuten garen.

Das Wasser mit der Gemüsebrühwürze und der Sahne in einem Topf erhitzen, die Kartoffeln mit einer Kartoffelpresse der Flüssigkeit zufügen (es geht auch mit einer Gabel oder einem Zauberstab). Alles gut vermengen und den Kartoffelbrei in einer vorgewärmten Schüssel anrichten.

Dazu paßt Sauerkraut (s. S. 90).

Statt 100 g Kartoffeln können Sie auch 50 g Kartoffeln und 50 g Gemüse nach Belieben nehmen und den Kartoffel-Gemüsebrei mit den dazu passenden Kräutern bestreuen.

Pell- und Schrupps-kartoffeln

5. Pell- und Schruppskartoffeln

Zutaten:

100 g kleine neue Kartoffeln
Dill

Zubereitung **Zubereitung:**

Die Kartoffeln mit einer harten Bürste gründlich bürsten und auf ein Gemüsesieb legen. Das Wasser in einem Topf zum Kochen bringen, das Sieb mit den Kartoffeln und etwas Dill darauf setzen und zugedeckt 15–20 Minuten garen.

Tip: Mehrere Kartoffeln garen, für Kartoffelsalat, Bouillonkartoffeln, Béchamel-Kartoffeln oder Kartoffelgratin.

Tip

6. Kartoffelsalat

Kartoffelsalat

100 g geschälte Pellkartoffeln, in Scheiben schneiden
1/8 l Wasser
etwas Gemüsebrühwürze
1 Eßl. Sonnenblumenkernöl
1 Eßl. Essig
1 kleine feingeschnittene Zwiebel

Zubereitung:

Zubereitung

Alle Zutaten in einer Schüssel gut miteinander vermengen.

7. Kartoffelgratin

Kartoffelgratin

Zutaten:

100 g geschälte Pellkartoffeln in Scheiben schneiden
50 g Wasser
2 Eßl. süße Sahne
etwas Gemüsebrühwürze
1 Eßl. Mandelblättchen

Zubereitung:

Zubereitung

Die Kartoffelscheiben in eine feuerfeste Form geben. Das Wasser mit der Sahne und der Gemüsebrühwürze vermengen, über die Kartoffelscheiben gießen und mit den Mandelblättchen bestreuen.

Im Backofen bei 200 °C 20–25 Minuten garen.

Tip **Tip:** Nur 50 g Kartoffelscheiben nehmen und 50 g Gemüsescheiben nach Belieben und das Gratin mit Kräutern bestreuen.

Gebackene Kartoffeln

8. Gebackene Kartoffeln

Zutaten:

100 g tüchtig gebürstete Kartoffeln
Öl nach Belieben (besonders zu empfehlen ist Leinsamenöl)

Zubereitung

Zubereitung:
Die ganze Kartoffel anpiksen und bei 200 °C 45 Minuten im Ofen backen. Lohnt sich nur für mehrere Personen.

Variationen:
Die ganze Kartoffel halbieren und 25–30 Minuten im Ofen backen.
Die Kartoffel in 6 mm dicke Scheiben schneiden und diese auf ein mit Backpapier ausgelegtes Blech setzen. Die Kartoffelscheiben im Ofen bei 200 °C 10–15 Minuten backen.
Zu all diesen Ofenkartoffeln wird Butter oder Leinöl gereicht.

Pommes frites

9. Pommes frites

Zutaten:

100 g in Streifen geschnittene Kartoffeln

Die Kartoffelstreifen auf ein mit Backpapier ausgelegtes Backblech legen. 20–25 Minuten bei 200 °C im Ofen backen.

10. Gebackene Kartoffelscheibchen

Gebackene Kartoffelscheibchen

100 g in dünne Scheibchen geschnittene Kartoffeln 15–20 Minuten bei 200 °C im Ofen backen.

11. Gebackene Kartoffelbällchen

Gebackene Kartoffelbällchen

100 g mit einem Melonenausstecher ausgestochene Kartoffelbällchen 30–35 Minuten bei 200 °C im Ofen backen.

12. Gebackene Strohkartoffeln

Gebackene Strohkartoffeln

100 g in ganz feine Streifen geschnittene Kartoffeln 10–15 Minuten bei 200 °C im Ofen backen.

13. Kartoffelfladen

Kartoffelfladen

100 g in der Moulinette pürierte Kartoffeln als Fladen auf dem Backpapier verteilt, 30 Minuten bei 200 °C im Ofen backen.

14. Klöße von rohen Kartoffeln

Klöße von rohen Kartoffeln

Zutaten:

100 g geschälte, geriebene Kartoffeln
etwas Gemüsebrühwürze
etwas nicht zu fein geschnittener Schnittlauch
2 g Biobin

1 l Wasser
1 Eßl. Gemüsebrühwürze

Zubereitung

Zubereitung:
Die geriebenen Kartoffeln mit der Gemüsebrühwürze, dem Schnittlauch und dem Biobin vermengen und zu 2 Klößen formen. Diese 10 Minuten ruhen lassen.
Das Wasser mit der Gemüsebrühwürze in einem Topf zum Kochen bringen, die Klöße darin 10 Minuten garen, diese mit einem Schaumlöffel aus der Brühe nehmen, kurz auf ein Haushaltspapier legen und auf einem vorgewärmten Teller, mit etwas Schnittlauch bestreut, servieren.

Sie können statt Schnittlauch andere Kräuter oder Meerrettich nehmen.

Klöße halb-halb

15. Klöße halb von rohen, halb von gekochten Kartoffeln

Zutaten:
50 g rohe geriebene Kartoffeln
50 g gekochte geriebene Kartoffeln
etwas Gemüsebrühwürze
etwas nicht zu fein geschnittener Schnittlauch
2 g Biobin

Zubereitung

Zubereitung:
Wie Klöße von rohen Kartoffeln.

16. Klöße von gekochten Kartoffeln

Klöße von gekochten Kartoffeln

Zutaten:

100 g gekochte, geriebene Kartoffeln
50 g gemahlener Weizen oder Dinkel
etwas Gemüsebrühwürze
etwas nicht zu fein geschnittener Schnittlauch

Zubereitung:

Zubereitung

Wie Klöße von rohen Kartoffeln.

Tip:

Tip

50 g in dünne Scheiben geschnittene Filetscheiben mit etwas Gemüsebrühwürze und Pfeffer bestreuen, 1/4 längs geschnittene Gewürzgurke darauf legen, aufrollen, kurz in einer Pfanne ohne Fett bräunen, etwas Sahne darüber gießen und sofort zu den Klößen servieren. Garzeit 1 Minute.

Sauerkraut

Pro Person
100 g Sauerkraut
25 g flüssige Butter

Zubereitung

Zubereitung:
Das Sauerkraut in einem Topf kurz erhitzen und die flüssige Butter untermengen.

Reis

Grundrezept:

Grundrezept

Pro Person

1/8 l Wasser
50 g Naturreis

Es lohnt sich aber, eine größere Menge zuzubereiten:

1/2 l Wasser
200 g Naturrundreis für pikante oder süße Reisgerichte

Das Wasser mit dem Reis in einem Topf zum Kochen bringen, 5 Minuten köcheln lassen, den Herd abstellen und den Reis ausquellen lassen. Den Reis mit Gemüsebrühwürze, Kräutern nach Wahl und etwas flüssiger Butter vermengen.

Statt Kräuter können Sie pürierte Tomaten oder in Butter gedünstete Pilze nehmen. Auch andere Gemüse, Fisch- oder Fleischfiletstreifen und Krustentiere eignen sich für Reis-Variationen.

Dinkelspätzle

Grundrezept

Grundrezept:

Pro Person

50 g mehlfein gemahlener Dinkel
1 Ei
1 Teel. süße Sahne
etwas Gemüsebrühwürze
1 l Wasser mit etwas Gemüsebrühwürze

Zubereitung

Zubereitung:

Den Dinkel, das Ei, die Sahne und die Gemüsebrühwürze in einer Schüssel zu einem glatten Teig verkneten und diesen eine Stunde ruhen lassen. Das Wasser mit der Gemüsebrühwürze in einem Topf zum Kochen bringen. Den Teig von einem nassen Spätzlebrett mit einem Messer oder Spätzleschaber ins Wasser hineinschaben. Wenn die Spätzle an die Oberfläche kommen, einmal umrühren und diese mit einem Schaumlöffel herausheben. Gut abtropfen lassen und in eine vorgewärmte Schüssel geben.

Brot und Brötchen

Hefeteig-Variationen

Sie möchten gern Ihr eigenes Brot backen? Kein Problem! In wenigen Minuten können Sie sich selbst diese Gaumenfreude zaubern und das in vielen Variationen.

Grundrezept:

Grundrezept

500 g feingemahlener Dinkel oder Weizen
3/8 l Wasser
½ Würfel Hefe
1 Teel. Meersalz

Zubereitung:

Zubereitung

Alle Zutaten in einer Schüssel verkneten und so lange gehen lassen, bis sich das Teigvolumen verdoppelt hat.

Brot **1. Brot**

Den Grundteig in eine gefettete Kastenform füllen, noch einmal gehen lassen und auf der mittleren Schiene im Backofen 45 Minuten backen (200 °C).

Pariser Brot **2. Pariser Brot**

Den Grundteig zu zwei schmalen länglichen Stangenbroten formen, diese mit etwas Mehl bestäuben, schräg einschneiden, auf ein mit Backpapier ausgelegtes Blech legen und auf der mittleren Schiene im Backofen 30 Minuten backen (200 °C).

Dinkelbrot **3. Herzhaftes Dinkelbrot**

Grundteig **Grundteig:**

500 g feingemahlener Roggen
150 g Natursauerteig
3/8 l Wasser
1 Teel. Meersalz

Zubereitung **Zubereitung:**

Alle Zutaten in einer Schüssel verkneten, gehen lassen, in eine gefettete Form füllen, noch einmal gehen lassen und auf der mittleren Schiene 40 Minuten backen (200 °C).

Fladenbrot **4. Fladenbrot**

Zubereitung wie Variation 3.
Den gegangenen Teig zu Fladen formen, diese auf ein mit Backpapier ausgelegtes Blech setzen, mit

Wasser bestreichen, schräg leicht einschneiden und auf der mittleren Schiene im Backofen 30 Minuten backen (200 °C).

5. Toastbrot

Toastbrot

Grundteig:

Grundteig

100 g weiche Butter
5 Eiweiß
2 g Biobin

Den Grundteig mit der Butter in einer Schüssel verkneten. Das Eiweiß mit dem Biobin in einem Rührgerät steif schlagen, dieses vorsichtig unter den Teig heben, in eine gefettete Kastenform füllen, noch einmal gehen lassen und auf der mittleren Schiene 40 Minuten backen (200 °C).

6. Pflaumenbrot

Pflaumenbrot

Zubereitung wie bei Variation 5.
150 g Backpflaumen unter den Teig mengen.

7. Apfelbrot

Apfelbrot

Zubereitung wie bei Variante 5.
150 g Apfelstücke unter den Teig mengen.

8. Bananenbrot

Bananenbrot

Zubereitung wie bei Variante 5.
200 g Bananenstücke unter den Teig mengen.

Brötchen Grundteig

9. Brötchen Grundteig:

100 g weiche Butter
2–3 Eigelb zum Bestreichen
Sesam oder Mandelblättchen zum Bestreuen

Den Grundteig mit der Butter in einer Schüssel verkneten. Brötchen formen, diese auf ein mit Backpapier ausgelegtes Blech setzen, mit Eigelb bestreichen, mit Sesam oder Mandelblättchen bestreuen, nochmals gehen lassen und auf der mittleren Schiene 20 Minuten backen (200 °C).

Pizza

10. Pizza

Zubereitung wie bei Variante 9.

Für den Belag:
250 g pürierte Tomaten mit etwas Salz und Pizzagewürz nach Belieben
200 g in Scheiben geschnittene Champignons
100 g geriebener Emmentaler

Den Teig auf ein mit Backpapier ausgelegtes Blech gleichmäßig verteilen, das Tomatenpürre darauf streichen, mit Champignons belegen und mit dem Käse bestreuen, gehen lassen und auf der mittleren Schiene 35 Minuten backen (200 °C).

Statt der Champignons kann man auch folgende Zutaten verwenden:
250 g Zwiebelringe
5 kleingeschnittene Knoblauchzehen
oder:

250 g blanchierter Spinat
2 kleingeschnittene Knoblauchzehen
etwas Gemüsebrühwürze
30 g in Scheiben geschnittene Tomaten

Für diese Spinatpizza vermengen Sie Spinat, Knoblauch und Gemüsebrühwürze, bevor Sie das Gemüse auftragen und dann mit den Tomaten belegen.

11. Hefezopf oder Neujahrsbrezel

Hefezopf oder Neujahrsbrezel

Grundteig:

100 g weiche Butter
2 Eier
1 Eßl. Honig
Eigelb
Mandelblättchen

Den Grundteig ohne Salz mit der Butter, den Eiern und dem Honig verkneten. Einen Zopf oder eine Brezel formen, auf ein mit Backpapier ausgelegtes Blech setzen, mit Eigelb bestreichen, mit Mandelblättchen bestreuen, gehen lassen und auf der mittleren Schiene 30 Minuten backen (200 °C).

12. Obstkuchen

Obstkuchen

Zubereitung wie bei Variante 11.

Für den Belag:

700 g entsteinte Pflaumen oder
700 g entsteinte Aprikosen oder
700 g kleingeschnittene Äpfel

80 g flüssiger Blütenhonig
100 g Mandelblättchen

Den Teig auf ein mit Backpapier ausgelegtes Blech gleichmäßig verteilen, mit Früchten nach Wahl belegen, mit Honig bepinseln, mit Mandelblättchen bestreuen, gehen lassen und auf der mittleren Schiene 35 Minuten backen (200 °C).

Eier-Sahne-Saucen, süss und pikant

Eier-Sahne-Saucen

Grundrezept: **Grundrezept**

$^1/_2$ l süße Sahne
8 Eigelb

Zubereitung:
Die Sahne in einem Simmertopf oder in einem Topf im Wasserbad erhitzen, das Eigelb zufügen und so lange rühren, bis die Sauce eindickt.
Aus dieser Sauce können Sie eine Salatsauce, eine Sauce Béarnaise oder eine Sauce Hollandaise, ein Eis oder eine Vanillesauce bereiten.

1. Salatsauce **Salatsauce**

4 Eßl. Eier-Sahne-Sauce
4 Eßl. warme Gemüsebrühe
2 Eßl. Zitronensaft
1 kleingehackte Zwiebel

Alle Zutaten miteinander vermengen.

2. Sauce Béarnaise **Sauce Béarnaise**

1 Tasse Eier-Sahne-Sauce
1 Teel. Gemüsebrühwürze
60 g Butter
1 Eßl. gehackte Estragonblätter
2 kleine, feingehackte Schalotten
2 Eßl. Estragonessig

Zubereitung

Zubereitung:
Die Eier-Sahne-Sauce, die Gemüsebrühwürze, die Butter, die Estragonblätter, die gehackte Schalotte und den Estragonessig in einem Simmertopf oder in einem Topf im Wasserbad kurz erwärmen.

Sauce Hollandaise

3. Sauce Hollandaise

1 Tasse Eier-Sahne-Sauce
1 Teel. Gemüsebrühwürze
60 g Butter
Saft einer halben Zitrone

Zubereitung wie bei Variation 2.

Vanilleeis

4. Vanilleeis

1 Tasse Eier-Sahne-Sauce
2 Tassen süße Sahne
2 Eßl. Blütenhonig
Mark einer Vanilleschote

Zubereitung

Zubereitung:
Die Eier-Sahne-Sauce mit der süßen Sahne, dem Honig und dem Mark einer Vanilleschote in einem Rührgerät zu einer Creme aufschlagen, portionsweise in kleinen Formen oder in Brotkastenform einfrieren und portionsweise abschneiden.

Vanillesauce

5. Vanillesauce

1 Tasse Eier-Sahne-Sauce
1 Tasse Vorzugsmilch
1 Eßl. Blütenhonig
Mark von einer Vanilleschote

Zubereitung wie bei Variation 2.

Süßspeisen und Desserts

Dickmilchspeisen

Grundrezept:

Grundrezept

6 Blatt rote Gelatine
$^1/_8$ l roter Multivitaminsaft
$^1/_2$ l Dickmilch
Saft und Abrieb einer Zitrone
Honig oder Süßstoff nach Belieben

Zubereitung:

Zubereitung

Die kleingeschnittene Gelatine in einen kleinen Topf (oder Simmertopf) mit dem Multivitaminsaft auf kleinster Hitze auflösen. Die Dickmilch mit dem Saft, dem Abrieb einer Zitrone und dem Honig oder Süßstoff in einer Schüssel mit einem Schneebesen vermengen. Die aufgelöste Gelatine hinzufügen und alles gut miteinander verrühren.
Unter das Grundrezept können Sie Beeren oder Fruchtstücke nach Wahl mengen.

Wollen Sie die Speise verfeinern, ziehen Sie einfach 2 Eßl. Schlagsahne unter.

Süße Reis-Variationen

Grundrezept

Grundrezept:
Pro Person
50 g Naturreis
100 g Wasser

Zubereitung

Zubereitung:
Den Reis mit dem Wasser in einem Simmertopf zum Kochen bringen, 5 Minuten köcheln lassen, den Herd abstellen und ausquellen lassen.

Sahnereis mit Früchten

1. Sahnereis mit Früchten nach Wahl
50 g Naturreis, gekocht
110 g Schlagsahne
1 Eßl. Honig
100 g Himbeeren

Zubereitung

Zubereitung:
Den Reis mit der Schlagsahne, dem Honig und den Himbeeren in einer Schüssel vermengen.
Statt Himbeeren können Sie andere Beeren oder Früchtestücke nehmen.

Naturreis mit Mousse au Chocolate

2. Naturreis mit Mousse au Chocolate
50 g Naturreis, gekocht
200 g Mousse au Chocolate (s. S. 116)
1 Teel. Mandelsplitter

Zubereitung:

Zubereitung

Den Reis mit Mousse au Chocolate in einer Schüssel vermengen und mit den Mandelsplittern bestreuen.
Statt Mousse au Chocolate können Sie andere Moussen nehmen.

Statt Reis können Sie auch Hirse, Hafer oder Dinkel nehmen.

Parfaits

Grundrezept

Grundrezept:

200 g Eier-Sahne-Sauce (s. S. 103)
400 g kalte süße Sahne
Mark einer Vanilleschote
Honig oder Süßstoff nach Belieben
5 Blatt weiße Gelatine
5 Eßl. Wasser

Zubereitung

Zubereitung:

Die kleingeschnittene Gelatine in einem kleinen Topf oder Simmertopf mit dem Wasser auf kleinster Hitze auflösen. Die Eier-Sahne-Sauce mit der Sahne, dem Mark der Vanilleschote, dem Honig oder Süßstoff in einem Rührgerät zu einer Creme aufschlagen und die aufgelöste Gelatine unter die Creme rühren. Diese in kleine Förmchen (pro Person) füllen. Zum Stürzen werden die Förmchen kurz in heißes Wasser getaucht.

Diese kleinen Parfaits lassen sich sehr gut einfrieren, deswegen die empfohlene größere Menge bereiten. Sie können die Creme auch in eine Kastenform füllen und portionsweise abschneiden.

1. Moccaparfait

Moccaparfait

2 Eßl. Pulverkaffee, in etwas warmem Wasser aufgelöst, unter das Grundrezept rühren. Falls notwendig, noch etwas Honig zufügen.

2. Nußparfait

Nußparfait

3 Eßl. geröstete fein gemahlene Haselnüsse und etwas Honig oder Süßstoff unter das Grundrezept mengen.

3. Schokoladeparfait

Schokolade-parfait

200 g weiche Honigschokolade (s. S. 128)

Zubereitung wie beim Grundrezept, ersetzen Sie jedoch die Eier-Sahne-Sauce durch die Honigschokolade und lassen Sie die Vanilleschote und den Honig weg.

4. Früchte- oder Beerenparfait

Früchte- oder Beeren-parfait

200 g Frucht- oder Beerenmus
400 g kalte süße Sahne
Honig oder Süßstoff nach Belieben
5 Blatt weiße Gelatine
5 Eßl. Wasser
Saft und Abrieb einer Zitrone

Zubereitung wie beim Grundrezept, jedoch ohne Eier-Sahne-Sauce und Vanille. Dafür den Saft und Abrieb der Zitrone zufügen.

Fruchtmus **Fruchtmus**

Aprikosen
Bananen mit Vitamin C
Brombeeren
Erdbeeren
Heidelbeeren
Himbeeren
Mango
Orangen
Pfirsich
Pflaumen

Konfekt

Süße Mousses

Wer möchte nicht gerne eine Mousse bereiten? Kein Problem! In wenigen Minuten können Sie sich selbst diese Gaumenfreude zaubern, und das in vielen Variationen.

Grundrezept:

Grundrezept

200 g Geschmackssubstanz
400 g kalte süße Sahne
Saft und Abrieb einer Zitrone
Honig oder Süßstoff nach Belieben

Zubereitung:

Zubereitung

Die Zutaten werden in einer Schüssel mit einem Handrührgerät zu einer Mousse aufgeschlagen. Will man daraus ein Parfait herstellen, fügt man 4 Blatt in Wasser aufgelöste Gelatine dazu.

1. Frucht-Variationen

Frucht-Variationen

Als Geschmackssubstanzen können Sie verwenden jeweils 200 g Püree von

Ananas (verträgt sich nicht mit Kiwi und Gelatine)
Apfel
Aprikosen
Bananen
Birnen
Brombeeren

Erdbeeren
Feigen
Heidelbeeren
Himbeeren
Johannisbeeren (hier keine Zitrone)
Kirschen
Kiwi
Mandarine
Mango
Melone
Orange
Pfirsich
Pflaume
Weintrauben

Mousse au Chocolate

2. Mousse au Chocolate

200 g weiche Honigschokolade (s. S. 128)
400 g Sahne

Vanillemousse

3. Vanillemousse

200 g Eier-Sahne-Sauce
Mark einer Vanilleschote
Honig oder Süßstoff nach Belieben
400 g Sahne

Moccamousse

4. Moccamousse

200 g Honigschokolade (s. S. 128)
1 Eßl. in etwas Wasser aufgelöster Pulverkaffee
400 g Sahne

5. Nußmousse **Nußmousse**

200 g Eier-Sahne-Sauce
50 g geröstete, gemahlene Haselnüsse
Honig oder Süßstoff nach Belieben
400 g Sahne

6. Zimtmousse **Zimtmousse**

200 g Eier-Sahne-Sauce
1 Teel. Zimt
Honig oder Süßstoff nach Belieben
400 g Sahne

Pikante Mousses

Avocadomousse

1. Avocadomousse

200 g Avocadopüree
400 g Sahne
etwas Gemüsebrühwürze
kleine geriebene Zwiebel

Statt Avocado können Sie auch Erbsen, Rote Bete, Spargel, Spinat oder Tomaten nehmen.

Fischmousse

2. Fischmousse

200 g Forellenpüree
400 g Sahne
nach Belieben etwas Dill

Statt Forelle können Sie auch Hering, Krustentiere oder rosa Kaviar nehmen.

Käsemousse

3. Käsemousse

200 g Frischkäse
400 g Sahne

Aufgeschlagen hält sich diese Creme 14 Tage im Kühlschrank. Sie können sie verwenden als

– Haube für Getreidespeisen,

- Salatsauce mit Zitronensaft, etwas Gemüsebrühe und Kräutern,
- Haube für alle pürierten Gemüsesuppen,
- Beilage mit gehackten Zwiebeln für gebackene Kartoffeln,
- Haube für Früchte mit etwas Honig oder Süßstoff.

Eis-Variationen

Grundrezept

Grundrezept:

200 g pürierte Früchte oder Beeren
400 g süße Sahne
Blütenhonig oder Süßstoff nach Belieben
Saft und Abrieb einer Zitrone

Zubereitung

Zubereitung:

Die pürierten Früchte oder Beeren mit der süßen Sahne, dem Blütenhonig und dem Saft und Abrieb einer Zitrone in einem Rührgerät zu einer Creme aufschlagen, portionsweise oder in einer Kastenform einfrieren.

Beeren und Früchte

Beeren und Früchte

Ananas
Aprikosen
Bananen
Brombeeren
Erdbeeren
Heidelbeeren
Johannisbeeren
Kirschen
Kiwi
Mandarinen
Mango
Orangen

Pfirsiche
Pflaumen

Statt Beeren und Früchten können Sie auch 200 g Honigschokolade (s. S. 128) nehmen.

Früchte mit sahnigen Hauben

Grundrezept

Grundrezept:

Pro Person

½ Birne
1 Eßl. Schlagsahne
etwas geriebene Honigschokolade
(s. S. 128)

Zubereitung

Zubereitung:

Die Birnenhälfte mit der Schlagsahne bedecken und mit den Schokoladekrümeln bestreuen.
Statt Birnen können Sie Äpfel oder entsteinte Pfirsiche nehmen. Statt Schlagsahne können Sie Mousse au Chocolate (s. S. 116) oder Frischkäse-Sahne nehmen.

Grützen

Grundrezept:
Pro Person
$\frac{1}{8}$ l Multivitaminsaft rot oder orange
1½ Blatt weiße Gelatine
50 g Beeren oder Fruchtstücke

Grundrezept

Zubereitung:
Den Multivitaminsaft in eine Glasschüssel geben, 3 Eßl. davon mit der klein geschnittenen Gelatine in einem kleinen Topf auf kleinster Hitze auflösen. Die aufgelöste Gelatine mit den Beeren oder Fruchtstücken dem Saft zufügen.
Dazu paßt Vanillesauce (s. S. 104)

Zubereitung

Beeren oder Fruchtstücke
Aprikosen
Brombeeren
Erdbeeren
Feigenstücke
Himbeeren
Johannisbeeren
Kirschen
Mandarinen
Mangostücke
Orangenstücke
Pfirsichstücke
Pflaumenstücke
Weintrauben

Beeren oder Fruchtstücke

Für die roten Früchte nehmen Sie dunklen Multivitaminsaft, für helle Früchte den hellen Multivitaminsaft.

Marzipan

Grundrezept:

Grundrezept

100 g geschälte Mandeln
50 g Honig

Zubereitung:

Zubereitung

Die Mandeln mahlen, danach den Honig zufügen und so lange kneten, bis sich ein Kloß bildet.

1. Trockenfrüchte-Marzipan

Trockenfrüchte-Marzipan

50 g Marzipan
100 g Trockenfrüchte

Die Trockenfrüchte in einer Moulinex mahlen, danach das Marzipan zufügen und so lange kneten, bis sich ein Kloß bildet.

Anstatt der Mandeln können folgende Zutaten verwendet werden:

Cashewnüsse
Haselnüsse
Kürbiskerne, grün
Paranüsse
Pistazien
Walnüsse

Als Trockenfrüchte können verwendet werden:

Ananas
Aprikosen
Birne
Dattel
Feige
Papaya
Pfirsich
Pflaume

Trocken-früchte-Konfekt

2. Trockenfrüchte-Konfekt
Trockenfrüchte nach Wahl aufschneiden, mit einer kleinen Marzipankugel belegen und darauf Zutaten nach Wahl setzen:

Haselnuß
Kürbiskerne, grün
Mandeln, halbe geschälte
Mandelsplitter
Pistazien
Walnußhälften
usw.

Weitere Variationen sind möglich, wenn anstatt des Marzipans das Trockenfrüchte-Marzipan verwendet wird und das Marzipan anschließend mit flüssiger Honigschokolade beträufelt wird.

Schicht-Marzipan-Konfekt

3. Schicht-Marzipan-Konfekt
Die Hälfte des Marzipan-Grundrezeptes wird zwischen zwei großen Backpapierblättern mit einem Wellholz dünn ausgerollt.

Dies erfolgt in gleicher Weise mit einem andersfarbigen Marzipan nach Wahl.
Jeweils wird nun das obere Blatt abgezogen, so daß die Marzipanplatten aufeinandergelegt werden können.
Die aufeinandergelegten Platten etwas andrücken und wiederum das obere Backpapierblatt von der Marzipanplatte abziehen.
Nun können die Platten aufgerollt werden (max. bis zu einem Durchmesser von 1 1/2 cm).
So entstehen bei größeren Platten 3–4 Rollen.
Diese Rollen auf ein Brett legen und im Tiefkühlfach anfrieren, um später Scheiben von 1/2 cm Dicke abzuschneiden.

Garnitur:

Garnitur

Entweder können die schmalen Außenkanten der Marzipanplatten in Kakao, Kokosraspel, gemahlenen Mandeln gewälzt werden bzw. die Scheiben mit Pistazien oder einem Kürbiskern bedeckt werden.

4. Ingwer-Marzipan

Ingwer-Marzipan

Zum Grundrezept wird 1 Eßl. gemahlener Ingwer und 1/2 Eßl. Honig zugefügt.

Kleine Ingwer-Marzipankügelchen passen sehr gut auf Dattelhälften.

Honigschokolade

Grundrezept

Grundrezept:

100 g Butter
2 Eßl. Kakao
2 g Biobin
100 g Honig
40 g Sahne

Zubereitung

Zubereitung:

Die Butter mit dem Kakao und dem Biobin in einem Simmertopf im Wasserbad erhitzen und zum Schmelzen bringen.
Die Masse immer gut umrühren und anschließend die Sahne mit dem Honig unterrühren.

Die Honigschokolade sollte stets kühl aufbewahrt werden.

Torten

Torten

Grundrezept (Eiweiß-Nuß-Boden):

Grundrezept

Für 1 Blech:

5 Eiweiß
2 g Biobin
250 g Honig
200 g gemahlene Haselnüsse oder Mandeln

Zubereitung:

Zubereitung

Das Eiweiß mit dem Biobin zu einem steifen Eischnee aufschlagen. Anschließend, während das Handrührgerät noch läuft, den Honig zufügen.

Die gemahlenen Nüsse vorsichtig mit einem Schneebesen unterheben.

Ein Backblech mit Backpapier auslegen und die Nußmasse gleichmäßig über die gesamte Fläche verteilen. Der Boden sollte 1 cm dick sein. Anschließend wird der Boden im Backofen auf mittlerer Schiene bei 200 °C 15–20 Minuten gebacken, bis eine hellbraune bis goldbraune Farbe erreicht ist.

Den Eiweiß-Nuß-Boden sofort aus dem Backofen nehmen und abkühlen lassen.

Anwendungsbereiche des Eiweiß-Nuß-Bodens:

Eiweiß-Nuß-Boden

- Schwarzwälder Kirschtorte
- Schokoladentorte
- Obsttörtchen

- Bisquitrolle
- Petits fours
- Leichte Fruchttorte
- Rumkugeln

Schwarzwälder Kirschtorte

1. Schwarzwälder Kirschtorte

1 runder, in Springformgröße ausgeschnittener Eiweiß-Nuß-Boden
1 Grundrezept Parfait mit Honigschokolade (s. S. 111)
200 g entsteinte, in etwas Kirschwasser eingelegte Schattenmorellen
2 Eßl. blättrig geraspelte Honigschokolade (s. S. 128)

Den Eiweiß-Nuß-Boden auf eine Tortenplatte legen, mit der Hälfte des Parfaits bestreichen und mit getränkten Schattenmorellen bedecken. Dann mit der zweiten Parfaithälfte bestreichen und die Torte zum Schluß mit Honigschokoladeraspeln bestreuen und kühlstellen.
Vor dem Servieren mit ein paar Zweigen Pfefferminze verzieren.

Tip

Tip: Diese Torte eignet sich gut zum Einfrieren.

Schokoladentorte

2. Schokoladentorte

1 runder, in Springformgröße ausgeschnittener Eiweiß-Nuß-Boden
1 Grundrezept Parfait mit dunkler Schokolade (s. S. 111)

2 Eßl. blättrig geraspelte Honigschokolade
(s. S. 128)

Den Eiweiß-Nuß-Boden auf eine Tortenplatte legen, mit der gesamten Menge des Parfaits kuppelförmig bestreichen, mit der geraspelten Honigschokolade bestreuen und kühlstellen.
Vor dem Servieren mit ein paar Zweigen Pfefferminze und Fruchtachteln garnieren.

Variationen: **Variationen**
Durch eine andere Parfait-Wahl (s. S. 110) können Nußtorten, Vanilletorten, Moccatorten oder Fruchttorten hergestellt werden.

Zum Bestreuen oder Garnieren: **Garnieren**

Fruchtstücke
Beeren
gemahlene Nüsse, Kerne oder Samen
gehobelte Nüsse
blättrige Schokoladeraspel
Blättchen von Pfefferminze oder Melisse

3. Obsttörtchen **Obsttörtchen**

Kleine runde Eiweiß-Nuß-Böden von ca. 7 cm Durchmesser
1 Grundrezept Creme- oder Fruchtparfait
Früchte oder Beeren wie

Erdbeeren
Heidelbeeren
Himbeeren

Kirschen
Pfirsichhälften usw.
Kürbiskerne oder
Melissenblättchen.

Zubereitung **Zubereitung:**
Die kleinen Törtchen-Böden mit 1½ cm hoher Parfaitmasse belegen. Darauf werden nun die Früchte oder Beeren nach Belieben gesetzt und mit Kürbiskernen oder Melissenblättchen garniert.
Die Obsttörtchen kaltstellen.

Bisquitrolle **4. Bisquitrolle**

1 weicher Eiweiß-Nuß-Boden
1 Grundrezept Schokoladen-Parfait
3 Eßl. geschlagene Sahne
1 Eßl. Schokoladenraspeln
1 Kastenform

Zubereitung **Zubereitung:**
Die Kastenform vorsichtig mit dem Nußboden auskleiden. Die Enden können ca. 10 cm herausragen. Nun die ausgekleidete Form mit dem Parfait füllen und die offene Seite mit dem überstehenden Bodenende bedecken.
Die Bisquitrolle in der Form anfrieren, aus der Form nehmen, mit der geschlagenen Sahne bestreichen und mit den Schokoladenraspeln bestreuen.

Statt des Schokoladenparfaits kann auch ein Fruchtparfait verwendet werden.

5. Petits fours Petits fours

2 Eiweiß-Nuß-Böden in Blechgröße
200 g weiche Honigschokolade (s. S. 128)
200 g weiche Butter
100 g in Rum eingeweichte Rosinen
gehackte Nüsse

Einen Eiweiß-Nuß-Boden auslegen. Die weiche Butter mit der Honigschokolade in einer Rührschüssel zu einer Creme aufschlagen, 4 Eßl. der Creme beiseite legen. Die gut abgetropften Rumrosinen unter die Creme mengen und damit den ausgelegten Boden bestreichen.
Den zweiten Boden daraufsetzen, anfrieren und anschließend in kleine Quadrate von 3 x 3 cm Größe schneiden. Die Ränder mit der beiseite gestellten Creme bestreichen und in gehackten Nüssen wälzen.
Die Petits fours kühl servieren.

6. Leichte Fruchttorte Leichte Fruchttorte

1 runder, in Springformgröße ausgeschnittener Eiweiß-Nuß-Boden
50 g Honigmarzipan (s. S. 125)
1 Grundrezept Rote Grütze nach Wahl (s. S. 123)
2 Eßl. geschlagene Sahne
1–2 Eßl. gebräunte Mandelblättchen

Den Eiweiß-Nuß-Boden in eine Springform legen und mit einer dünnen Marzipanschicht bedecken.

In der Zwischenzeit die Rote Grütze fertigstellen und diese so lange kühlen, bis sich fast ein schnittfestes Gel gebildet hat.
Die Grütze nun auf den mit Marzipan bedeckten Boden verteilen und für 1–2 Stunden in den Gefrierschrank stellen. Anschließend die Torte mit einem scharfen, nassen Messer vom Springformrand lösen und von der Form trennen. Der Rand wird mit einem Messer mit der geschlagenen Sahne bestrichen und mit den Mandelblättchen bestreut. Torte bis zum Servieren kühlstellen.

Rumkugeln

7. Rumkugeln

Sämtliche Reste des Eiweiß-Nuß-Bodens, die bei der Herstellung von Torten und Petits fours übrig bleiben, können zu Rumkugeln verarbeitet werden.

100 g Eiweiß-Nuß-Boden
75 g weiche Honigschokolade (s. S. 128)
50 g Rumrosinen

Alle Zutaten gut miteinander verkneten, zu kleinen Kugeln formen und diese in gehackten Mandelsplittern, Kürbiskernen, Kokosraspeln o. ä. wälzen.

Marmeladen

Marmeladen

Grundrezept:

Grundrezept

Für ca. 700 g

500 g Beeren oder Steinobst
2 g Biobin
Saft und Abrieb einer Zitrone
150 g Honig

Zubereitung:

Zubereitung

Das Obst in einen Simmertopf geben. Den Simmertopf abgedeckt auf kleiner Flamme 30 Minuten erhitzen.
Anschließend die restlichen Zutaten zufügen, gut vermengen und in verschließbare Gläser füllen.

Achtung:

Da die Honigmarmelade ohne jegliche Zusätze ist, darf sie nur im Kühlschrank und nur für einen begrenzten Zeitraum aufbewahrt werden. Die Honigmarmelade ist auch fürs Tiefkühlen geeignet.

Geeignete Beeren:

Geeignete Beeren

Brombeere
Erdbeere
Heidelbeere
Himbeere
Johannisbeere
Preiselbeere
Stachelbeere

Geeignetes Steinobst

Geeignetes Steinobst:

Aprikosen
Kirschen
Nektarinen
Pfirsich
Pflaumen

Weihnachtsgebäck

Weihnachtsgebäck

Bei der Weihnachtsbäckerei ist es leider nicht möglich, aus einem Grundrezept viele Variationen zu bereiten.

1. Lebkuchen

Lebkuchen

Zutaten:

3 Eiweiß
500 g Honig
150 g gemahlene Haselnüsse
500 g frisch gemahlener Dinkel
1 Päckchen Lebkuchengewürz
1 Messerspitze Zimt
1 Päckchen Zitronat
10 g Hirschhornsalz

Zubereitung:

Zubereitung

Den Honig mit den Eiern schaumig rühren. Die anderen Zutaten nach und nach untermengen. Den Teig auf einem mit Backpapier ausgelegten Blech glattstreichen. Auf der mittleren Schiene bei 180 °C ca. 30 Minuten backen. Noch warm in Quadrate schneiden oder mit verschiedenen Ausstechformen ausstechen, mit Honigschokolade überziehen und mit Mandelhälften belegen oder mit Mandelsplittern bestreuen.
Sie können aber auch den Teig vor dem Backen mit

Eigelb bestreichen und mit gehackten Mandeln bestreuen.

Honiglebkuchen Nürnberger Art

2. Honiglebkuchen Nürnberger Art

Zutaten:

2 Eier
200 g Blütenhonig
150 g grob gemahlene Mandeln
150 g grob gemahlene Haselnüsse
50 g Orangeat (fein geschnitten)
2 Eßl. Rum
1 Teel. Zimt
1 Messerspitze Nelkenpulver
1 Messerspitze Naturvanille
Saft von einer Zitrone
Oblaten
Mandelhälften
kandierte rote Kirschen

Zubereitung

Zubereitung:

Eier und Honig schaumig rühren und nach und nach mit den übrigen Zutaten vermengen.
Kleine Häufchen auf Oblaten setzen, mit Mandelhälften oder kandierten halbierten Kirschen belegen und auf einem Blech auf der mittleren Schiene bei 200 °C ca. 25–30 Minuten backen.
Das sind die feinsten Weihnachtslebkuchen.

Heidesand

3. Heidesand

Zutaten:

200 g Butter
50 g Blütenhonig

50 g Honigmarzipan (s. S. 125)
Mark einer halben Vanilleschote oder
Abrieb einer Zitrone
250 g fein gemahlener Dinkel
100 g gehackte Mandeln

Zubereitung:

Zubereitung

Die Butter mit dem Honig, dem Marzipan, der Vanille oder dem Zitronenabrieb und dem Dinkel zu einem Teig verkneten. Aus dem Teig gleich große Rollen von 6 cm Durchmesser formen, in den gehackten Mandeln wälzen und über Nacht im Kühlschrank ruhen lassen. Die Bleche mit Backpapier auslegen. Die Teigrollen in ½ cm dicke Scheiben schneiden, diese auf die Backbleche setzen und bei 200 °C 10–15 Minuten backen.

4. Spanische Pignoli

Spanische Pignoli

Zutaten:

350 g geschälte, geriebene Mandeln
200 g Blütenhonig
3 Eiweiß
Abrieb einer Zitrone

Zum Bestreichen:

1 Eiweiß
100 g Pinienkerne
50 g Blütenhonig
1 Eßl. Wasser
1 Schnapsglas Rum

Zubereitung

Zubereitung:

250 g Mandeln mit dem Honig, dem Eiweiß und dem Zitronenabrieb vermengen. Alles in einen Topf geben und bei milder Hitze erwärmen, bis eine formbare Masse entsteht.

Den Teig abkühlen lassen, die restlichen 100 g Mandeln zugeben und zu einer Rolle formen.

Von der Rolle ca. 60 gleich große Stücke abschneiden, aus jedem Stück ein Hörnchen formen und mit dem Eiweiß bestreichen. 5 Pinienkerne fest auf die Hörnchen drücken, damit sie beim Backen nicht abfallen.

Die Hörnchen auf ein mit Backpapier ausgelegtes Blech setzen und 15 Minuten bei 180–200 °C backen.

Den Honig mit dem Wasser und dem Rum verrühren und 5 Minuten vor Ende der Backzeit die Hörnchen mit dem Rumguß bestreichen.

Polnische Mocca-plätzchen

5. Polnische Moccaplätzchen

Zutaten:

125 g Butter
140 g gemahlener Dinkel
90 g Blütenhonig
1 Ei
60 g gemahlene Haselnüsse
etwas Mark einer Vanilleschote
1–2 Eßl. Pulverkaffee
Honigschokolade (s. S. 128)
Mandelsplitter

Zubereitung:

Zubereitung

Alle Zutaten zu einem Teig verkneten. Kleine Häufchen auf ein mit Backpapier ausgelegtes Blech setzen.
Auf der mittleren Schiene bei 200 °C 15 Minuten backen.
Mit Honigschokolade bestreichen und mit Mandelsplittern bestreuen.

6. Schweizer Hörnchen

Schweizer Hörnchen

Zutaten:

400 g Honigmarzipan (s. S. 125)
200 g Blütenhonig
Abrieb einer Zitrone
20 g gemahlener Dinkel
3 Eiweiß
1 g Biobin
200 g gehackte Haselnüsse
etwas Honigschokolade (s. S. 128)

Zubereitung:

Zubereitung

Das Honigmarzipan, den Honig, den Zitronenabrieb und den Dinkel in einer Schüssel miteinander verkneten.
Das Eiweiß mit einem Rührgerät und dem Biobin aufschlagen und den Teig nach und nach zufügen. Aus der Masse Hörnchen formen und diese von beiden Seiten in die gehackten Haselnüsse drükken. Die Hörnchen auf ein mit Backpapier ausgelegtes Blech setzen. Auf der mittleren Schiene bei 200 °C 15–20 Minuten backen.

Die Enden der Hörnchen mit Honigschokolade bestreichen.

Vanillekipferl

7. Vanillekipferl

Zutaten:

375 g gemahlener Dinkel
280 g geschälte, geriebene Mandeln
250 g Butter
100 g Blütenhonig
Mark einer Vanilleschote
1 Ei

Zum Wälzen:

geschälte, geriebene Mandeln
1 Päckchen Vanillezucker

Zubereitung

Zubereitung:
Den Dinkel mit den geschälten, geriebenen Mandeln, der Butter, dem Honig, dem Mark der Vanilleschote und dem Ei zu einem Teig verkneten. Davon 5 cm lange, fingerstarke Stränge formen, diese in den gemahlenen Mandeln und dem Vanillezucker wälzen und in Kipferlform bringen. Die Kipferl auf ein mit Backpapier ausgelegtes Blech setzen und auf der mittleren Schiene bei 180 °C 15–20 Minuten backen.

Makronenhörnchen

8. Makronenhörnchen

Zutaten:

200 g Honigmarzipan (s. S. 128)
300 g geschälte, geriebene Mandeln

150 g Blütenhonig
1/8 l Eiweiß
Mandelblättchen

Zubereitung:

Zubereitung

Das Marzipan mit den Mandeln, dem Blütenhonig und dem Eiweiß zu einem Teig verkneten. Aus dem Teig Hörnchen formen und diese in den Mandelblättchen wälzen. Ein Blech mit Backpapier auslegen. Die Hörnchen auf das Blech setzen und auf der mittleren Schiene bei 200 °C 15–20 Minuten backen.

Die verwendeten Lebensmittel

1. Fruchtiges (frisch):

Ananas
Apfel
Aprikosen/Marillen
Avocado
Bananen
Birnen
Brombeeren
Erdbeeren
Heidelbeeren
Himbeeren
Johannisbeeren
Kirschen
Kiwi
Mandarine
Mango
Melone
Orange
Papaya
Pfirsich
Pflaumen/Zwetschken
Preiselbeeren
Rhabarber
Stachelbeeren
Weintrauben

2. Fruchtiges (Tiefkühl):

Brombeeren
Erdbeeren
Heidelbeeren
Himbeeren
Johannisbeeren
Kirschen
Pflaumen/Zwetschken
Rhabarber
Stachelbeeren

3. Ungeschwefelte Trockenfrüchte:

Ananas
Apfel
Aprikose/Marille
Birne
Dattel
Feigen

Papaya
Pfirsich
Pflaumen
Rosinen
Rumrosinen oder -kirschen

4. Gemüsiges (frisch):

Artischocken
Austernpilze
Blumenkohl/Karfiol
Bohnen
Broccoli
Champignon
Fenchel
Frühlingszwiebel
Kartoffel/Erdäpfel
Knoblauch
Kohlrabi
Lauch
Paprika (rot, gelb, grün)
Rettich
Rote Bete/Rote Rüben
Salatgurke
Spargel
Spinat
Staudensellerie
Steinchampignon
Tomaten/Paradeiser
Weißkohl/Kraut
Wirsingkohl
Zucchini
Zuckererbsenschoten
Zwiebel

5. Gemüsiges (Tiefkühl):

Blumenkohl/Karfiol
Broccoli
Erbsen
Grüne Bohnen/Fisolen
Mais
Möhren/Rüben
Rosenkohl/Kohlsprossen
Schwarzwurzeln
Zuckererbsenschoten

6. Salate:

Ackersalat
Blattsalat
Chicorée
Chinakohl
Endivien
Frisée
Kresse

7. Fleischiges:

Hühnchenbrustfilet	Putenfilet
Kalbsfilet	Rinderfilet
Lammfilet	

8. Fischiges:

Forelle	Langustinos
Garnelen	Petersfisch
Hecht	Rotbarsch
Heilbuttfilet	Schellfisch
Jacobsmuscheln	Seelachsfilet
Kabeljaufilet	Seeteufelfilet
Krabben	Shrimps
Lachsschnitten	Zander

9. Getreide:

Buchweizen	Hafer
Dinkel	Naturreis
Gerste	Weizen
Grünkern	Wilder Reis

10. Nudeliges:

Hirsespaghetti	Vollkornlasagne

11. Molkereiprodukte:

Butter	Süße Sahne/Obers
Buttermilch	Saure Sahne/Sauerrahm mit 10% Fettgehalt
Dickmilch mit 3,5% Fettgehalt	frische Schlagsahne/ Schlagobers
fettarmer Frischkäse	
geriebener Käse	

12. Kerne:

Cashewkerne
Haselnüsse als Blättchen, grob gehackt oder gemahlen
grüne Kürbiskerne
Leinsamen
Mandeln als Stifte, Blättchen oder gemahlen
Parakerne
Pinienkerne
Pistazien
Sesam
Sonnenblumenkerne
Walnüsse

13. Gewürze:

Basilikum
Biobin (Bindemittel)
Dill
Estragon
Gemüsebrühwürze
Honig
Kakao
Kerbel
Kräuteressig, mild
Lorbeerblätter
Meersalz
Öle, kaltgeschlagen (aus Walnuß, Weizenkeimen, Sonnenblumen oder Oliven)
Oregano
Petersilie
Pfeffer aus der Mühle
Rosmarin
Rotwein
Rum
Schnittlauch
Senf
Süßstoff
Thymian
Vanillestangen
Wacholderbeeren

14. Sonstiges:

Eier
Fertig-Sauerteig
Gelatine (rot oder weiß)
Hefe
Meerrettich/Kren, ungeschwefelt

Wie ernähre ich mich richtig?

Wenn wir uns naturgemäß ernähren wollen, müssen wir ein wenig umdenken, um die Vorteile einer vollwertigen Kost zu erkennen. Die neue Ernährungslehre mißt die Nahrung nach dem Grad ihrer Lebendigkeit und biologischen Wertigkeit und nicht nach der Menge ihrer Kalorien. Der Gehalt an Vitalstoffen (Mineralstoffe, Spurenelemente, Vitamine, Enzyme, ungesättigte Fettsäuren, Faserstoffe) ist zur Gesunderhaltung unseres Organismus und zum Umsetzen in geistige Energie notwendig. Bisher war es so: Die chemische Zerlegung der Lebensmittel hatte ergeben, daß die Grundnährstoffe Eiweiß, Fett und Kohlenhydrate Energiespender sind; also konnte man errechnen, wieviel der Mensch davon benötigt. Als Maßstab bot sich die Wärmeeinheit, die Kalorie, an. Danach galt ein konzentriertes Nahrungsmittel, das in relativ kleinem Volumen viele kalorienreiche Nährstoffe enthielt, als das wertvollste. Heute hat man den Begriff »Kalorie« durch »Joule« ersetzt (1 kcal = 1 Kilokalorie – 4,186 kJ oder Kilojoule). Diese Kalorien- oder Joulelehre mißt den Wert der Nahrung nach der Quantität, nicht nach der Qualität. Erst die Entdeckung der Vitalstoffe hat zu den Erkenntnissen der neuen Ernährungslehre geführt; das heißt: der Wert eines Lebensmittels für die Erhaltung unserer Gesundheit beruht nicht nur auf seinem

Kalorien- oder Joulegehalt, sondern in hohem Maße auf diesen »lebenswichtigen« Stoffen.
Den Grund für die neue zeitgemäße Ernährungslehre hat der Schweizer Arzt Bircher-Benner gelegt. Von dem großen Ernährungsforscher Prof. Kollath wurde sie wissenschaftlich untermauert und von Dr. M. O. Bruker in jahrzehntelanger Praxis klinisch durchgeführt. Danach bemißt man den Wert einer Nahrung nicht mehr nach dem Gehalt an Kalorien und Nährstoffen, sondern nach ihrer Lebendigkeit und Natürlichkeit, das heißt nach ihrem biologischen Wert als Verwandler in geistige Energie. Wer natürliche Lebensmittel genießt, braucht sich nicht mehr um Kalorien und den Gehalt an Fett, Eiweiß und Kohlenhydraten zu kümmern. Es hat sich nämlich gezeigt, daß in der naturbelassenen Nahrung nicht nur alle Nährstoffe, sondern auch, was viel wichtiger ist, die biologischen Wirkstoffe enthalten sind, die für die geistige Verwertung der Nahrung notwendig sind.
Nur wenn diese Vitalstoffe in einem richtigen Verhältnis in der Nahrung enthalten sind, ist die Nahrung vollwertig und volle Gesundheit möglich. Die Vitalstoffe, die in ursprünglichen Lebensmitteln noch anzutreffen sind, werden durch menschliche Eingriffe verändert, geschädigt bzw. gestört. Diese Denaturierung geschieht durch Erhitzung, Konservierung und andere Präparierung.

Das Eiweiß

Das Eiweiß

Die Wissenschaftler haben heute erkannt, wie wertvoll pflanzliches Eiweiß ist. Man sollte aber

immer mehrere pflanzliche Eiweißträger, also Salate und Gemüse, die über und unter der Erde gewachsen sind, zusammen essen, dazu Getreide oder Kartoffeln, denn sie enthalten die verschiedensten Aminosäuren. Aminosäuren sind Eiweißbausteine. Sie ergänzen sich untereinander in ihrer Wirkung und sind für uns lebensnotwendig. Das gilt für Mensch und Tier gleichermaßen.
Eiweißstoffe sind hitzeempfindlich: Schon bei Temperaturen über 40 °C verändert sich ihre Struktur. Deshalb bereiten wir den Frischkornbrei aus ungekochtem Getreide zu, bringen Salate so oft und so frisch wie möglich auf den Tisch und kochen Gemüse nur so lange wie unbedingt erforderlich.

Die Fette

Die Fette

Fette werden von den Verdauungsorganen nur dann richtig umgewandelt, wenn sie mehrfach ungesättigte Fettsäuren enthalten. Ungesättigte Fettsäuren (sie sind einfach, zweifach, dreifach und mehrfach ungesättigt) können sich mit anderen Stoffen verbinden, zum Beispiel mit Eiweiß. Sie regen den Stoffwechsel an. Diese Lipoproteide – wie man sie auch nennt – sind hitzeempfindlich; deshalb ist es so wichtig, daß wir kalt geschlagene Öle bevorzugen. Fette sind außerdem Träger fettlöslicher Vitamine. Auch diese sind in den kaltgeschlagenen Ölen enthalten, da für ihre Herstellung die Ölfrüchte nur wenig erwärmt und dann gepreßt werden. so bleiben die Vitalstoffe geschont.
Butter bietet zwar wenig ungesättigte Fettsäuren, dafür aber reichlich Vitamine. Wichtig ist die Ver-

wendung frischer Butter auch, weil das Butterfett direkt vom Blut durch die Zellwände in das Zellinnere gelangen kann und nicht erst von der Leber dem Körper angepaßt werden muß. Eine Zeitlang wurde Butter wegen ihres Cholesteringehaltes »verteufelt«. Da der Körper jedoch selbst Cholesterin produziert, ist eine Störung des Cholesterinstoffwechsels nicht von der Zufuhr von Cholesterin durch die Nahrung abhängig. Bei vollwertig ernährten Menschen werden sich keine Cholesterinablagerungen an den Gefäßwänden bilden, und das Cholesterin kann seine bedeutungsvolle Aufgabe erfüllen, nämlich die Fette durch die Zellwand in die Zelle zu schleusen. Fast alle Speisen erhalten durch ein Stückchen Butter oder etwas Sahne einen feineren Geschmack. Nur sollte die frische Butter dem Gericht erst zum Schluß zugefügt werden.

Die Kohlenhydrate

Die Kohlenhydrate

Kohlenhydrate bilden den Hauptbestand unserer Nahrung und sind für unseren Körper lebensnotwendig. Nur sollten sie dem Körper im ganzen »Verbund«, mit allen Vital- und Ballast- oder Faserstoffen zugeführt werden. Das heißt, wir sollen das ganze Getreidekorn, den ganzen Apfel, die ganze Rübe und die ganze Kartoffel (mit der Schale) verzehren.

Dagegen belasten isolierte Kohlenhydrate – wie Fabrikzucker und Auszugsmehl – den Stoffwechsel. Diesen »toten« Nahrungsmitteln fehlen zum Beispiel die B-Vitamine (vor allem das wichtige Vitamin B_1), Kalk, Mineralstoffe und Spurenelemente.

Wenn wir diese isolierten Kohlenhydrate zu uns nehmen, wird unser Organismus nur unvollkommen versorgt. Durch den Mangel an Vitamin B_1, Kalk und Mineralstoffen können sich die Kohlenhydrate der Auszugsmehle und jedes in der Fabrik hergestellten Zuckers in Fett umwandeln. Dieses lagert sich dann im Körper störend ab.
In seinem Buch »Krank durch Zucker« weist Dr. M. O. Bruker nach, daß der Industriezucker eine der Hauptursachen vieler Zivilisationskrankheiten ist. Doch zeigen sich die Krankheitserscheinungen erst nach Jahren der Fehlernährung. Das erste Loch im Zahn sollte ein Alarmzeichen sein. Karies, Verstopfung, Fettsucht, Diabetes, Gelenk- und Wirbelsäulenerkrankungen sowie Gicht-, Arthritis, Herzinfarkt, Magen-, Galle-, Leber- und Darmschäden sind unter anderem die Folgen einer denaturierten Nahrung.
Verwenden Sie also anstelle von Auszugsmehl frisch geschrotetes oder gemahlenes Getreide und statt Fabrikzucker natürliche Süßungsmittel wie Honig, Trockenfrüchte und Bananen.

Die Vitalstoffe

Die Vitalstoffe

Unter diesem Begriff fassen wir eine Gruppe von Stoffen zusammen, die für das Leben unentbehrlich sind: die Vitamine, Mineralstoffe, Spurenelemente, Enzyme und Faserstoffe.
Die Vitamine wurden in den zwanziger Jahren entdeckt, und ihre Erforschung ist immer noch nicht abgeschlossen. Jedes Vitamin hat seine Aufgabe im Stoffwechsel und ist nicht durch ein anderes, synthetisch hergestelltes ersetzbar. Außerdem ergän-

zen sich die Vitamine in ihrer Wirkung untereinander. Deshalb ist ein vielfältiges, abwechslungsreiches und ausgewogenes Angebot notwendig. Man teilt die Vitamine in zwei Gruppen: die wasserlöslichen und die fettlöslichen. Die wasserlöslichen Vitamine B und C sind vorwiegend in Obst und Gemüse enthalten, die fettlöslichen Vitamine A, D, E, F in Ölfrüchten und naturbelassenen Ölen, in Nüssen, Getreidekeimen, Butter, Sahne, Lebertran, naturbelassener Milch und Milchprodukten (Quark, Joghurt, Kefir usw.).
Das Vitamin B_1 ist vorwiegend im Keim und in den Randschichten des Getreidekorns enthalten und hat eine zentrale Bedeutung, denn es ist für den normalen Ablauf des Kohlenhydratstoffwechsels unentbehrlich. Darum ist es so wichtig, Getreide als volles Korn zu verwenden.
Eine Anmerkung noch zur weitverbreiteten Meinung, Säfte seien ganz besonders gesund: Es ist richtig, daß die wasserlöslichen Vitamine in Obst- oder Gemüsesäfte übergehen. Aber noch nicht bestimmbare weitere Vitalstoffe und die Ballast- oder Faserstoffe bleiben bei der Saftgewinnung in den Rückständen, dem Trester. Da die Vitamine ihre Wirkung aber nur voll entfalten können, wenn sie zusammen mit allen Wirkstoffen genossen werden, sollten Sie die ganze Frucht dem Saft vorziehen.

Mineralstoffe

Mineralstoffe

In der Natur gibt es keine Zelle, die nicht irgendwelche Mineralstoffe in Form von Salzen enthält. So kann auch beim Menschen ein Aufbau der

Zellsubstanz oder deren Erhaltung nicht ohne ihre Mitwirkung vonstatten gehen. Sehr wichtig sind Natrium, Kalium, Kalzium, Phosphor und Magnesium. In den verschiedenen Getreidearten sind diese Mineralstoffe besonders reichlich enthalten.

Spurenelemente

Spurenelemente

Die Spurenelemente werden von unserem Körper in winzigen Mengen benötigt; bei manchen bewegt sich der Tagesbedarf in einer Größenordnung von etwa 1 Millionstel Gramm. Einige von ihnen sind für uns lebensnotwendig (zum Beispiel Eisen, Jod und Fluor) und viele sind gegeneinander austauschbar. Sehr wichtig sind Mangan, Kobalt, Nickel und Zink. Diese sind zum Beispiel in grünem Salat, in Spinat, Kohl, in Getreidekeimen, Kartoffeln und in der Milch enthalten.

Enzyme

Enzyme

Bei den Enzymen (auch Fermente genannt) handelt es sich um eine sehr wichtige Gruppe der Vitalstoffe. Keine chemische Reaktion im Organismus geht ohne Einleitung und Steuerung durch Enzyme vor sich. Jedes Enzym hat seine spezifische Aufgabe; so schließt das Ptyalin im Speichel die Stärke auf; das Pepsin im Magensaft und das Trypsin im Darmsaft können Eiweiß spalten. Enzyme sind selbst hochkomplizierte Eiweißstoffe, und diese sind, wie wir schon wissen, hitzeempfindlich. Daraus erklärt sich von selbst die absolute Notwendigkeit von Frischkost.

Ballast- oder Faserstoffe

Ballast- oder Faserstoffe

Die Ballast- oder Faserstoffe sind wichtige Vitalstoffe. Sie haben ein hohes Quellvermögen, und dadurch ergibt sich nach dem Verzehr ein länger anhaltendes Sättigungsgefühl. Sie regen den Darm zur verstärkten Peristaltik (fortschreitende Bewegung der Darmmuskulatur) an. Daher ist eine ernährungsbedingte Stuhlverstopfung mit ballaststoffreicher Vollwertkost schon nach wenigen Tagen behoben. Die Ballast- oder Faserstoffe sind vor allem in den Randschichten von Getreide, Kartoffeln, Obst und Gemüse reichlich vorhanden. Da sie im Darm befindliche Gifte binden und somit für eine gesunde Darmflora sorgen können, sollten wir sogar gespritztes Obst und Gemüse (gut gewaschen) mit der Schale essen, wenn sie absolut nicht ungespritzt zu bekommen sind.

Aroma- oder Geschmacksstoffe

Aroma- oder Geschmacksstoffe

Nicht zuletzt sind auch die Aroma- oder Geschmacksstoffe wesentliche Bestandteile unserer Nahrungsmittel. Sie bewirken den spezifischen Duft, den wir riechen können, sowie den besonderen Geschmack, den unsere Zunge als süß, sauer, bitter oder salzig unterscheidet. Die Aromastoffe sind wie viele Vitalstoffe hitzeempfindlich. Deshalb verlieren Speisen durch zu langes Kochen und zu starkes Würzen ihren Eigengeschmack.

Bedenken wir, daß unser Blut bei 43–45 °C die Lebensfähigkeit verliert, dann verstehen wir leicht, daß auch unsere Nahrung bei mehr als 43 °C wirkt, als würden wir Asche ins Feuer tun oder unseren lebenden Zellen tote zum Umwandeln in Geist anbieten.

Trennkost
nach Dr. Gartner
In 40 Tagen schlank ohne Hungern

Warum werden wir dick?
Warum haben wir Hunger?
Was bedeutet Dicksein aus körperlicher
und seelischer Sicht?
Diese und viele andere Fragen beantwortet
Dr. Gartner in seinem neuesten Trennkost-Buch.
Er gibt darin auch Ratschläge für den richtigen
Umgang mit der leidigen Waage und
Tips gegen falsche Eßgewohnheiten.
Das Herzstück seines Buches aber sind
die zahlreichen köstlichen Trennkost-Rezepte,
die sich auch im Alltag ohne viel Mühe
nachkochen lassen.

Mit dieser »Trennkost nach Dr. Gartner« kann man
in 40 Tagen bequem einige Kilo abnehmen.
Und das ohne Hungern!

128 Seiten